内外部治理机制、财务柔性与公司价值
——基于中国上市公司的实证研究

The Internal and External Governance Mechanisms, Financial Flexibility and Firm Value
Empirical Research Based on Listed Companies in China

郑 鹏 著

首都经济贸易大学出版社
Capital University of Economics and Business Press
·北京·

图书在版编目（CIP）数据

内外部治理机制、财务柔性与公司价值：基于中国上市公司的实证研究／郑鹏著．－－北京：首都经济贸易大学出版社，2017.11

ISBN 978－7－5638－2652－0

Ⅰ．①内…　Ⅱ．①郑…　Ⅲ．①上市公司—研究—中国　Ⅳ．①F279.246

中国版本图书馆 CIP 数据核字（2017）第 094057 号

内外部治理机制、财务柔性与公司价值——基于中国上市公司的实证研究

郑　鹏　著

Neiwaibu Zhili Jizhi Caiwu Rouxing Yu Gongsi Jiazhi

—Jiyu Zhonguo Shangshi Gongsi De Shizheng Yanjiu

责任编辑	刘　欢　彭　芳
封面设计	风得信·阿东 FondesyDesign
出版发行	首都经济贸易大学出版社
地　　址	北京市朝阳区红庙（邮编 100026）
电　　话	（010）65976483　65065761　65071505（传真）
网　　址	http://www.sjmcb.com
E－mail	publish@cueb.edu.cn
经　　销	全国新华书店
照　　排	北京砚祥志远激光照排技术有限公司
印　　刷	人民日报印刷厂
开　　本	710 毫米×1000 毫米　1/16
字　　数	179 千字
印　　张	12.75
版　　次	2017 年 11 月第 1 版　2017 年 11 月第 1 次印刷
书　　号	ISBN 978－7－5638－2652－0/F·1467
定　　价	38.00 元

前　言

莫迪利亚尼(Modigliani)和米勒(Miller)的公司价值理论(MM 理论)认为，在理想的资本市场中，公司的价值与公司的资本结构无关。即公司在面临融资需求时，可以无差别地采取债权融资或股权融资方式来满足资金需求。但是，在现实资本市场中，公司内外部环境总是充满了各种不确定性因素，这些不确定性因素如交易费用、税金等，导致内部融资成本、债券融资成本或股权融资成本之间存在差异，进而公司在上述三种融资方式之间的选择也会导致公司价值的波动。因此，MM 理论只能在理想环境下才能够实现，而对公司面临的现实财务决策缺乏指导性。2008 年美国爆发的金融危机以及随后的欧洲国家主权债务危机再一次证明了资本市场的巨大风险，公司随时都会因受到不利因素的冲击而濒临破产；同时，随着中国改革开放的不断深入以及资本向海外进军步伐的扩大，中国公司正面临着前所未有的发展机遇与挑战，如何应对激烈变化的外部环境，迎接资本市场的不确定性带来的挑战，为有价值的投资机会筹集到足够的资金，已成为中国公司亟待解决的问题。在此背景下，理论界和实务界也逐渐打破陈规，对财务柔性的理论研究和实务应用产生了日渐浓厚的兴趣。因此，本书也以财务柔性为核心内容展开相关研究。

党的"十九大"报告提出：到本世纪中叶，实现国家治理体系和治理能力现代化。由此可见，治理体系的完善和治理能力的提高已经上升到了国家宏观战略的高度。在微观层次上，现代公司的基本特征之一就是所有权与经营权分离，这一特征在充分利用了所有者资金和经营者专长的同时，也在二者之间造成了代理冲突，而公司治理机制正是削弱代理冲突的有效途径之一。纵观宏观层次和微观层次的环境，本书选择公司治理机制作为研究视角，分析其对公司储备财务柔性行为的监督和约束作用。

具体而言，本书将公司治理机制这一研究视角又细分为内部治理机制和外部治理机制两个维度。内部治理机制主要包括股东结构和董事会结构两个方面，而外部治理机制则围绕着市场化进程展开。在公司内外部治理机制的视角下，本书对财务柔性的研究也分为两个方面：一方面是对公司财务柔性持有行为加以研究,分析公司内外部治理机制是否对公司选择持有或者释放财务柔性产生影响。另一方面则着重研究了财务柔性的价值效应,即公司储备的财务柔性是否能够对公司价值起到提升作用。在公司内外部治理机制的视角下,还进一步分析了不同治理机制对财务柔性价值效应的影响。

本书采用规范分析和实证分析相结合的论证方法,首先对关于内外部治理、财务柔性和公司价值的相关理论进行归纳总结,然后从我国 2009—2014 年间在沪深 A 股上市的 2 000 余家上市公司中选取 11 239 个样本,利用 Excel2013 和 Stata12 等软件先后进行描述性统计分析、相关性分析、多元回归分析,展开本书的研究,本书共分为八章,各章的主要内容如下:

第一章,绪论。在介绍本书的研究背景与研究意义的基础上,对有关财务柔性、公司内外部治理机制以及公司价值等相关概念进行了界定,阐明了本书的研究目标、研究内容、技术路线和研究方法以及本书欲达到的创新点。

第二章,文献综述。本章围绕公司内外部治理机制、财务柔性和公司价值等关键词进行文献梳理。主要内容包括内部治理机制和外部治理机制的构成要素;财务柔性的来源、财务柔性的测度和财务柔性的功能;内外部治理机制与财务柔性之间的关系;财务柔性和公司价值之间的关系以及内外部治理机制对财务柔性和公司价值关系的影响等几个方面。

第三章,制度背景分析。本章主要对与上市公司内外部治理机制以及财务柔性持有状况等相关的制度背景进行了分析。上市公司的内部治理机制包括股权结构和董事会结构两方面;外部治理机制包括政府对市场的监管状况、法律制度状况和市场发展状况三方面;上市公司财务柔性持有的状况则是从现金持有、财务杠杆以及二者相结合等角度进行分析。

第四章,理论基础。本章主要阐述内外部治理机制、财务柔性和公司价值相关的理论。其中与内外部治理机制相关的理论包括委托代理理论、利益相关者理论、产权理论、不平衡增长理论和竞争理论;与财务柔性相关的理论包括货币需求理论、信息不对称理论、优序融资理论和战略价值理论;与公司价值相关的理论包括 MM 理论、权衡理论以及公司价值评估理论。

第五章,内部治理机制与财务柔性持有行为关系的实证分析。本章的主要内容包括第一大股东持股比例与财务柔性、股权集中度与财务柔性、交叉上市与财务柔性等涉及股权结构方面的内部治理机制与财务柔性持有之间的关系研究;两权分离程度与财务柔性、独立董事比例与财务柔性以及董事会下设置专业委员会数量与财务柔性等涉及董事会结构方面的内部治理机制与财务柔性持有之间的关系等。

第六章,外部治理机制与财务柔性持有行为关系的实证分析。本章主要就政府对市场的干预程度与财务柔性、公司所在地市场中介组织的发育与法律服务水平与财务柔性、公司所在地市场化进程与财务柔性之间关系等问题展开研究。

第七章,内外部治理机制对财务柔性与公司价值关系影响的实证分析。本章依次实证分析了财务柔性与公司价值之间的关系,公司内部治理机制对财务柔性与公司价值之间关系的影响,以及公司外部治理机制对财务柔性与公司价值之间关系的影响。

第八章,研究结论与政策建议。本章首先根据前面部分的理论分析与实证检验得出本书的结论。随后结合本书的研究结论提出有益的政策建议,以及指出本书研究过程中的不足之处,并对未来的研究方向做出展望。

本书主要研究结论如下:

1. 基于描述性统计分析的结果,发现上市公司的财务柔性表现出如下特征。从财务柔性的持有行为来看,我国上市公司大体上表现出对财务柔性的释放倾向。从财务柔性的储备状况来看,我国上市公司储备有一定规模的财务柔性。

2. 在内部治理机制对上市公司财务柔性持有行为影响的研究中,本书发现大股东持股比例、股权集中度、交叉上市和两权分离度以及董事会下设置专业委员会数量等都对公司财务柔性持有行为产生显著的影响。在股权结构方面,随着大股东持股比例和股权集中度的提高,公司倾向于释放一定规模的财务柔性。公司交叉上市后,倾向于持有更多财务柔性。在董事会结构方面,公司的董事长和总经理分设可以促进公司持有更多财务柔性。公司在董事会下设置专业委员会也会提高公司的财务柔性持有量。公司独立董事比例变化对公司财务柔性持有的影响不显著。

3. 在外部治理机制对上市公司财务柔性持有行为影响的研究中,本书发现当地政府对市场干预的程度越低、公司所在地的市场中介组织的发育与法律服务水平越高、公司所在地的市场化进程越高,则公司越倾向于释放一定规模的财务柔性。

4. 在对财务柔性与公司价值之间关系的研究中,发现公司通过储备财务柔性的行为可以提高公司价值,这也正是财务柔性"预防属性"和"利用属性"的具体体现。

5. 内部治理机制在财务柔性与公司价值关系之间起到了一定的调节作用。在股权结构方面,具有控制权的股东表现出"协同效应",随着第一大股东持股比例的增加或者是股权集中情况的加剧,财务柔性可以更好地提高公司价值。在董事会结构方面,代表董事长与总经理两权分离的治理机制能够显著地促进财务柔性对公司价值的提升作用。关于独立董事比例和董事会下设置专业委员会的数量在二者之间的调节作用则表现得并不显著或与理论预期相反。

6. 外部治理机制同样对财务柔性与公司价值之间的关系起到了调节作用。研究发现政府干预程度、市场中介组织的发育与法律服务以及市场化进程的改善会对财务柔性对公司价值的提高起到一定的促进作用。

本书的创新之处主要有以下四个方面:

第一,本书以财务柔性为研究对象,将财务柔性的"前因后果"纳入统一的框架进行了研究,拓宽了财务柔性的研究领域。现有的实证研究更多地是集中于对财务柔性的经济后果的研究,比如其对公司价值、投资效率以及现金股利等方面的影响。本书则是从公司治理机制影响公司持有财务柔性的角度入手,在研究了内外部治理机制对公司持有财务柔性行为影响的同时,也研究了财务柔性对公司价值的作用效果,以及内外部治理机制在二者之间的调节作用。

第二,在实证研究部分,本书对财务柔性的度量方式也体现了一定的创新性。现有研究在对财务柔性进行研究时,或者是将其拆分为现金柔性和负债柔性来分别进行研究,或者是通过构建综合指标的方式来度量财务柔性。本书则采取了折中的方式,将现金柔性与负债柔性二者结合在一起展开研究。此外,本书在多元回归分析中采用了连续变量的形式对财务柔性持有行为进行定量度量。而在稳健性检验中,则采用了虚拟变量的形式来定性地度量财务柔性的持有行为,以此来增加结论的可靠性。

第三,有关公司治理的问题一直是学者、企业管理者和政府监管者颇为关注的问题。虽然各方对"好的公司治理对公司价值的提升乃至整个社会的发展都有促进作用"这样的观点已达成一定的共识,但当具体到何谓"好的公司治理"时,依然存在很大争论。着眼于本书的研究对象,公司进行有效的财务行为被认为是公司经营者的主要职责之一,但是经营者也可以利用财务行为为自身谋取不当的利益。公司治理作为减少代理成本的有效途径,必然也会对经营者的财务行为及其行为效果产生重要的影响。因此,本书选择公司治理这一全新的视角来研究其对财务柔性持有行为和财务柔性与公司价值关系的影响,并以此来判断公司治理机制是否有效。

第四,本书在度量公司治理机制方面也有所创新。本书并没有使用目前较广泛采用的构建公司治理综合指标的方式来度量公司治理机制,而是对公司治理机制的各种因素分别进行了研究。在将这些治理机制分为内部治理机制和外部治理机制两大类的基础上,又从中分别选择了第一大股东持股比例、股权集中程度、交叉上市、董事长与总经理两职分离、独立董事比例、董事会下设置专业委员会的数量、政府干预程度、市场中介组织的发育与法律服务以及市场化进程等指标。这种度量方式可以更为清晰地看出哪些公司治理机制对财务柔性产生了影响,避免了泛泛而谈。

目　录

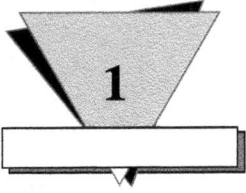

1

绪论

本章将从选题背景、理论意义与实践意义等方面阐述本书的研究价值。对本书涉及的财务柔性、内外部治理机制和公司价值等核心概念也将加以界定，同时阐述本书的研究目标和研究内容，明确本书的研究范围，最后提出本书的创新之处，表明对相关领域研究的可能贡献。

1.1　选题背景与研究意义

持有财务柔性的行为是公司主要的理财活动之一，一直是学术界和实务界的关注焦点。随着我国证券市场上保护投资人意识的不断提高，上市公司的治理机制也受到了社会上的广泛关注。财务柔性的本质属性是"预防属性"和"利用属性"（Arslan 等,2010；曾爱民等,2011），那么在内外部治理机制的作用下，公司持有财务柔性的行为会有什么样的不同表现？公司储备的财务柔性又会对公司价值产生什么样的作用效果？这些都是学术界有待进一步研究的内容。因此，本书从影响财务柔性持有行为的因素和财务柔性对公司价值的影响机制两个角度出发，基于公司内外部治理机制这一视角，将内外部治理机制、财务柔性和公司价值纳入一个研究框架，对内外部治理机制与财务柔性持有行为的关系、财务柔性与公司价值的关系和内外部治理机制对财务柔性与公司价值关系的影响进行了系统地研究。

1.1.1　选题背景

随着经济全球化的发展，世界经济步入了高速发展的时代，经济的高速发展使得各种各样的新兴产业如雨后春笋般层出不穷，这给企业带来了新的发展机遇和投资机会。但是随着社会经济体量的扩大和经济的高速发展，现代企业身处的经济环境也变得越来越复杂多变，企业在经历更多有价值投资机会的同时，也不得不遭受越来越多的不利冲击。面对这种经济增长的新常态，企业需要大胆进行改革，以满足企业发展的需要。但是，改革也会给企业带来新的挑战和风险，如果企业的战略决策安排不够合理，企业或许会在改革的潮流中陷入财务困境，甚至导致企业破产倒闭。例如,2007 年美国发生次贷危机，随后又引发了欧洲的主权债务危机，进而导致全球经济危机的爆发，使得很多资产负债比率较高、投资过度的企业，在风险骤升的经营环境中变得不堪一击，纷纷削减投资，甚至申请破产保护。面对危机四伏、险象环生的金融市场，各国金融监管机构纷纷推出激进的金融改革方案,希望这些改革措施可以帮助企业快速走出困境。但是对于一些企业而言,这些激进改革方案不但进一步加大了资本市场的风险,而且增加了企业需要应对的其他市场压力,导致企业在面临融资约束、借贷成本增加等一系列财务困境时,不得不同时面对在市场和科技创新等方面不断加剧的竞争,结果企业被迫走向破产边缘。与此同时,我们也看到那些现金持有水平和剩余负债能力比较高的企业,不仅能够在改革潮流中应付自如,顺利渡过难关,而且能够获取新的投资机会,甚至实现提高公司价值的理财目标。

我国的资本市场还处在发展建设阶段,资本市场的资本流动性不足和环境波动性较大的问题更是经常困扰上市公司。如何减小企业的经营风险,增加企业应对突变情况的能力,使企业能够实现可持续发展,是企业面临的重大挑战。企业经营管理者,特别需要考虑当企业在发展过程中陷入经营困境或者遇到新的投资项目的时候,怎样才能快速地筹集到充裕的资金来满足日常生产经营的刚性需求或者投资的额外需求。为了使企业能够正常生产经营,提升企业筹集资金的能力,企业通常通过持有财务柔性的方式来应对资金短缺、环境不确定性等影响企业发展的诸多因素。格雷厄姆和哈维(Graham and Harvey,2001)利用问卷调查的研究方法,对欧美等国企业的经理人员进行了调研。研究发现,财务柔性是企业在做战略决策的时候需要考虑的重要内容,越来越多的企业为了把握未来的有利投资机遇和预防未来不确定性因素而持有适量的财务柔性。

上市公司一方面因为常常面临严重融资约束造成的投资不足,而不得不储备财务柔性,另一方面又存在委托代理问题引起的对财务柔性储备的滥用,即投资过度问题。投资不足和投资过度对企业而言都是非效率投资,非效率投资往往阻碍或者降低企业资源的合理分配,企业资源的不合理分配必然影响正常经营活动,长此以往就会严重阻碍企业的健康发展,最后伤害利益相关者的直接利益。因此公司在储备财务柔性以应对投资不足的同时,还需要加强内部治理机制建设和寻求改善外部治理机制,通过提高内外部公司治理机制的效率来有效预防投资不足或投资过度等不合理财务管理问题的发生。

对于财务柔性的研究,多数是把公司的财务柔性储备看作资本储备的一部分进行研究,由于关于企业资本结构的研究一直就是财务管理领域学者考虑的课题,所以对于财务柔性储备的研究,也被看作资本结构相关研究的新兴领域,近年来受到财务管理领域学者与企业家们的重视。同时,在经济全球化的带动下,现代企业所处的资本和市场环境的不确定性变得越来越剧烈,为了确保企业在激烈波动的资本和市场环境中保持足够的应变和投资能力,促进企业的长远可持续发展,保证企业价值增加,对于企业财务柔性储备问题的研究也变得非常重要。

财务柔性储备已经成为影响企业财务行为的一个重要的因素,但是如何构建一个与其适应的内外部治理机制,一方面保证公司持有的财务柔性为合理的数量,另一方面又能保证公司持有的财务柔性能对公司价值提升起到更大的作用,也是亟待解决的一个问题。

目前,国内学者针对我国上市公司内外部治理机制的研究相对成熟,但这些研究侧重于治理效果与经济结果之间的关系,如内外部治理机制与公司价值之间的关系,而对于公司内外部治理机制与经济行为之间关系的研究较少,如目前国内研究关于如何建立有效机制保证公司财务柔性储备对于提升公司价值影响的文献还比较少。尽管国外的一些文献涉及了公司财务柔性储备与内外部治理机制的关系,以及内外部治理机制对财务柔性与公司价值关系的影响等问题,但是由于我国资本市场环境还处在发展建设阶段,以及我国特殊的上市公司治理及制度背景(中国国有控股的上市公司众多,上市公司的股权集中度较高,上市公司董事除独立董事外,多为大股东委派),导致中国上市公司的股东和董事会的治理模式和效率不同于欧美发达国家。由于受中国资本市场相关管理规定的限制,上市公司进行权益融资的机会很少,多数只能通过国家控制的商业银行,利用商业信用实现负债融资,导致我国上市公司的投资者和经营者与债权人之间的利益冲突的特点也有别于其他欧美发达国家。因此,对于公司内外部治理机制与经济行为之间关系问题的研究不能完全套用西方发达国家的研究理论,还需要借助中国上市公司的经济数据,进行全新的理论研究。

1.1.2　理论意义

在理论研究方面,财务柔性理论作为资本结构理论的一个新的分支和延伸,得到国内外学者们的广泛关注。国外学者对财务柔性的研究比较早。1958年,迈尔斯(Myers)在提出优序融资理论的时候,就提及财务松弛(Financial Slack)的概念,这时对财务松弛的理解是企业的一部分冗余的财务资源,是可以被企业管理者随意使用的,因此在当时并未引起学者和企业管理者的关注。但是随着社会经济的高速发展,企业内部和外部的资本环境的改变,以及广大学者对企业资本结构问题研究的深入,逐渐发现这部分企业冗余的财务资源实际上可以通过有意识地规划和利用,帮助企业防范风险和抓住未来投资机会。

此后,国外的学者们在研究过程中从财务松弛概念引申出财务柔性(Financial Flexibility)概念,研究的内容主要关注财务柔性与资本结构之间的关系等问题,结果表明财务柔性的获取对企业资本结构的形成具有重要影响,学者们也对财务柔性的获取方式和产生的经济后果进行了探究式分析。虽然国外学者在财务柔性问题研究方面取得的成果相对丰富,但是关于财务柔性的最终定义和度量等问题一直没有形成统一意见。我国学者对财务柔性问题的研究起步比较晚,对财务柔性理论的研究仍处于探索和发展阶段,国内一些学者只是对国外研究获取的财务柔性理论成果进行了研究分析,理论和实证研究结果都不是非常全面,也还没有形成系统的研究框架。因此,关于财务柔性研究的相关理论知识需要丰富,相关实证研究需要验证,这些工作的实现和完成,需要国内外广大学者的共同努力。

现代公司财务管理的目标是实现公司价值的最大化。公司的发展离不开有利的投资决策、正确的投资方向、充沛的投资金额以及恰当的投资进入时点等。投资决策问题对于企业的盈利能力、资本构成和长远发展都起着决定性的作用。只有充分把握投资机会,获取投资收益,才能为企业带来投资回报和现金流入,进而创造价值。资金相当于企业的血液,自由、充裕的现金流是企业发展的基础。企业在面临投资机会时,是否有足够的现金储备或使用负债预留来获取投资所需要的资金,是实现企业价值增值目标的关键。在现实经营中,从企业成长性的角度来看,高成长型的企业多数是新兴产业企业,通常面临的投资机会较多,企业对资金的需求量大,但是由于这些企业是新兴产业企业,内外部信息不对称现象比较严重,实现外部融资常常遇到困难。而成熟型企业往往是市场知名度相对比较高的企业,尽管获取外部融资相对容易,但是缺乏有价值的投资机会,由于所有者与经营者相分离产生的信息不对称造成的委托代理问题,经营者很可能为了追逐一己私利而背离所有者的意愿,做出不利于公司价值最大化的投资决策,进行以满足个人利益为目的的过度投资行为。因此公司的财务柔性持有和有效利用,对公司融资、投资与利润分配决策的制定有着非常重要的影响。

基于以上分析,本书在理论方面的研究具有以下两方面的意义:

第一,本书针对财务柔性的定义以及相关理论进行总结和梳理,通过中国沪深两市 A 股上市的 2 000 余家公司的相关数据,验证了内部治理机制和外部治理机制对财务柔性持有的影响,这在一定程度上拓宽了我国学者关于上市公司的财务柔性研究的范围。财务柔性问题引起我国学者的研究兴趣只是近几年开始的,研究的领域多集中在财务柔性的本源属性、获取方式及度量方法上,一些文献也说明学者对财务柔性的持有水平如何影响企业战略决策进行了研究。然而,学者们对财务柔性的形成机理、具体影响因素等相关问题的研究还不够丰富。国内学者多倾向于从现金持有水平、负债水平等单一因素对财务柔性问题进行研究,但是从内外部治理机制对财务柔性进行整体研究的却少之又少。针对企业财务柔性持有行为和财务柔性如何影响公司价值,以及内外部治理机制如何影响财务柔性价值效应的研究文献更是鲜见。本书通过内外部治理机制的各个影响因素来分析其对财务柔性持有水平的影响,及其对财务柔性与公司价值之间关系的调节机理,将财务柔性研究与公司治理机制结合起来,极大地丰富了财务柔性的理论和实证研究内容,拓宽了研究视角,为财务柔性理论的深入研究奠定了基础。

第二,本书期望通过将公司内外部治理机制、财务柔性持有和公司价值嵌入同一个理论框架进行研究,拓宽国内学者对于财务柔性持有问题的认识和理解,并为这一领域的其他相关研究提供借鉴经验。本书选择内外部治理机制、财务柔性与公司价值的关系进行研究,加深了对财务柔性经济后果的认识,使公司在制定经营决策时积极考虑保持适度的财务柔性,这对于公司抓住潜在的投资机会、抵御非预期的不利冲击和提升公司价值具有重要意义。本书将涉及公司发展的热门话题——公司内外部治理机制、财务柔性与重点公司价值——结合起来进行研究,这一全新研究视角突破了以往基于中国特有的资本市场管理制度背景,从股权结构、管理者非理性、委托代理等角度对公司投资行为进行研究的相对狭隘范围,对于完善我国的财务管理体系、构建我国的财务管理概念框架具有参考作用。

1.1.3 实践意义

在实践方面,企业的经营者在经营过程中要积极考虑财务管理的灵活性,不仅把保持财务柔性作为决定企业资本结构的重要因素,而且应该把合理充分利用财务柔性作为公司重要的财务战略目标。

首先,合理的财务柔性储备和利用可以帮助优化企业的财务结构。美国穆迪公司作为国际最著名的信用评级机构之一,认为衡量企业财务健康的一个非常重要的财务指标就是财务柔性。影响企业资本结构决策的因素,不仅包括财务风险和税务收益等,而且还包括财务柔性和领导风格。不仅是服务型企业,生产型企业也需要越来越充分地利用财务柔性。戴尔公司在竞争的过程中,由于巧妙地运用了财务柔性,其现金持有水平、现金流量利息保障倍数、经营性现金流量对资本支出比率等财务指标都远远高于竞争对手,这使得戴尔公司在面对投资机会时能够快速做出反应并把握投资机会,保障了戴尔公司在竞争异常激烈的个人电脑市场中独树一帜。但是 IBM 公司缺乏对于财务柔性持有问题的客观准确判断,以至于个人电脑的市场份额逐年下降,导致企业连年亏损,最终被联想集团收购了个人电脑业务。除此以外,沃尔玛超市的成功在一定程度上也要归因于其持有较高水平的财务柔性,沃尔玛超市通过较短的现金周转周期、较高的现金流量利息保障倍数等方式减少了资金周转的成本,提高了企业资金的灵活性和利润率,为其低价战略提供了坚实的基础。

第二,合理的财务储备和利用可以帮助企业降低经营风险。中国的资本市场发展还不够完善,各地区经济发展也不平衡,上市公司几乎没有机会进行股权融资,即使有机会也会受到诸多的限制,公司更多地通过借款的方式进行债务融资,但是公司的举债能力毕竟是有限的。因此,上市公司保持适度的举债能力和资金持有水平对公司的发展至关重要。如果公司的资金储备不足,当经济增长模式发生变化的时候,公司或许会因为资金不到位,与良好的投资机遇失之交臂,也可能会因为资金短缺而不能满足偿还借款本息和生产经营活动的需求。如果公司的资金链断裂,那么公司有可能面临不能如期偿还债务甚至宣布公司破产的风险。

第三,对财务柔性问题研究的成果,可以帮助上市公司管理者增强储备财务柔性的意识,使公司在面临有利投资机会的时候,能够及时把握住机遇。中国经济历经改革开放的浪潮,正面临飞速发展和体制转型的关键阶段,这一阶段上市公司无论是财务管理能力还是公司的自主研发能力都需要不断增强。公司在进行改革创新和扩大规模的进程中,既可能遇到许多有利的投资机会,也会面临资本市场和社会环境等的不确定性带来的风险。公司应该提升应对环境不确定性的能力,在遭遇环境变化时能及时调整投资政策,将公司面临的财务风险降低到最小,对那些预期净现值可能为正的项目进行投资,使公司价值能够达到最大化。

由于国内的学者和公司管理者们对财务柔性理论的研究和关注度一直比较低,也很少有人从公司治理的角度去考虑和研究财务柔性持有与公司价值的关系,因此,根据中国上市公司的财务和公司治理状况进行实证分析,可以帮助国内学者和公司管理者更好地掌握近几年上市公司的财务柔性持有情况,有利于了解上市公司的财务管理行为,有利于帮助上市公司制订和建立科学有效的财务管理方案,通过帮助上市公司建立行之有效的内部治理机制,降低非效率投资比例,提高财务柔性储备的投资效率,解决上市公司价值提高的问题,保证我国上市公司稳定长远的发展。

第四,对外部治理机制影响财务柔性与公司价值关系问题研究的成果,可以为资本市场监管部门和各级政府的经济改革政策制订提供理论和数据支撑,帮助资本市场监管部门和各级政府通过建立有效的法制环境和市场环境,促进和保证资本市场的健康有序发展。中国资本市场建设还处在发展阶段,上市公司的融资渠道和规模经常受限,公司获取财务柔性储备的途径有限,因此我国资本市场监管部门和各级政府既需要加强宏观经济体系的建设,也需要深化证券、银行和保险业体制改革,鼓励更多的投资者参与资本市场投资,改善上市公司的外部融资环境,拓宽公司融资途径,降低融资约束对公司发展的束缚。资本市场监管部门可以通过制订资金管理细则约束上市公司的资金滥用行为,提高上市公司的资金投资效率,但是监管部门和各级政府要妥善处理好与市场的关系,研究数据表明政府对市场的过多干预会降低上市公司的资金使用效率,造成非效率投资。

1.2 相关概念的界定

1.2.1 财务柔性

随着国内外学者和公司管理者对财务柔性理论关注度的不断提高,对财务柔性理论的理解也在不断发生变化。国外早期对财务柔性理论的研究是从公司对资金流的管理开始的,美国注册会计师协会(1993)采纳希思(Heath,1978)的观点,将财务柔性定义为"企业采取行动消除企业所需的或预期的现金支出超过预期现金流入的能力"。随后的一些研究则从财务柔性获取方式的角度展开,希金斯(Higgins,1992)、吉尔森(Gilson)和华纳(Warner,1997)都将财务柔性定义为企业资本结构的一部分,这部分资本使得企业能够以较低的交易成本和机会成本为经营活动提供资金支持。格雷厄姆（Graham）和哈维（Harvey，2001）的研究结果表明，财务柔性是企业的一种预防未来环境不确定性的能力。企业可以通过持有现金和保存举债能力的方式，扩大企业的投资规模和盈利能力，也可以通过这种方式减轻企业还本付息的压力，企业利用持有的财务柔性储备可以从容应对资本市场的剧烈动荡。公司持有的财务柔性储备是资本结构的一部分，财务柔性储备是公司为未来资本扩张和并购行为而储备的举债能力或最小化支付利息义务，而不仅仅是现金流的储备。这种储备具有预防和利用属性，在经济形势暂时萎靡时可以利用储备的财务柔性维持公司正常运营，而无须通过缩减业务规模来节约开支，在经济形势好转时可以及时利用储备的财务柔性进行资本扩张，而无须通过紧急融资来增加资本。有研究认为，财务柔性是企业有效利用财务资源来应对环境不确定性的过程中，通过反应性、预防性和剥夺性的措施实现公司价值最大化目标的能力和速度（Soku，2007）。丹尼尔（Daniel，2008）的研究表明，财务柔性是企业面对其现金流和市场环境发生意外变动时，以有助于公司价值最大化的方式进行反应的能力。甘巴（Gamba）和川蒂斯（Triantis，2008）也认为财务柔性具有预防和利用属性，是企业以最低的融资交易成本获得公司内外部资金支持来重新建立资本结构的能力。具有财务柔性的企业在面临不利冲击时，可以避免陷入财务困境，在出现有利的投资机会时更能以较低的成本筹集到投资所需的资金。拜杨（Byoun，2008、2011）将财务柔性定义为，企业能够及时调动财务资源以便预防或利用未来不确定事件以实现公司价值最大化的能力。目前国外学者对于财务柔性理论的主流研究趋势主要是从财务柔性对未来不利冲击的预防和对有利投资机会的利用两个方面展开。

国内的学者对于财务柔性概念的研究开始于 20 世纪末，目前形成两种观点。

一派观点认为上市公司持有的财务柔性储备只是通过融资方式的改变来实现的，现金持有水平和剩余举债能力是影响企业财务柔性最主要的变量。持这派观点的学者有以下这些。最早对财务柔性概念进行研究的谢盛纹（1998）等学者，认为财务柔性就是一个企业在面临突发事项而产生现金需求时，采取有效措施，做出相关反应的能力。姜英兵（2002，2004）认为财务柔性是企业充分利用超额现金持有和剩余举债，灵活应对未来超出预期的不利冲击，以及抓住未来有利的投资机会的能力，是企业的融资能力对内外环境变化的快速反应能力、适应程度及调整的余地。赵自强和韩玉启等（2005）的研究认为，财务柔性是指企业通过财务政策利用企业的自由现金流和剩余举债能力,使企业能够预防不利冲击和抓住未来有利投资机会的能力。这些自由现金流和剩余举债能力反映了企业融资对内外环境的快速反应的能力。葛家澍(2008)的研究结论认为,财务柔性是指上市公司通过融资策略来改变资金流入企业的数量以及时间,使企业能够预防预期之外的资金需求并抓住有利的投资机会的能力。通过企业对自由现金流的持有和资金需求两者的对比,能够使企业持有财务柔性的作用表现出来。当企业所储备的资金大于企业对资金的需求的时候,企业应对突发事件的能力就比较强。上述学者在对财务柔性问题进行研究时,没有特别关注企业的其他方面政策和策略对财务柔性持有的作用。

另一派观点则与上面列举的国内学者的研究观点有些不同,持这派观点的学者把财务柔性理论与其他管理理论相结合进行研究,从财务管理活动、财务管理系统以及公司战略等更广的视角对其进行定义。邓明然等(2000)将财务柔性定义为企业对于财务活动中环境变化或由其引起的不确定性做出迅速且经济的处理的能力。赵湘莲和韩玉启(2004)也认为财务管理柔性是相对于财务管理制度化、程序化的"刚性"而言,针对内外环境的不确定性,一方面能够迅速并准确地制定财务决策,另一方面要及时且经济地实现财务决策,以持续地、系统化地处理财务管理中不确定性问题的能力。石桂峰等(2006)认为,企业通过持有一定程度的超额现金和剩余负债能力来保持企业在产品市场上竞争战略的灵活性,通过提升生产能力、定价能力和市场份额等途径对产品市场业绩和市场竞争力产生战略影响。赵华等(2006)也从战略的视角,认为企业财务柔性是根据整体性战略性目标,在环境变化不确定时,努力适应环境变化,提高企业自身竞争能力,进而实现企业价值最大化的一种思维方式、财务决策及控制活动。曾爱民(2011)从融资的视角出发,将企业的财务柔性定义为:企业能以合理的价格及时地获取和调动财务资源以便预防或利用未来不确定性事件,实现企业价值最大化的能力。宁宇和刘飞飞(2011)通过利用我国上市公司沪深 A 股 2007—2009 年的数据,借鉴"投资—现金流敏感性"模型实证检验了财务柔性、投资能力以及企业绩效三者之间的关系,指出财务柔性是企业利用闲置资金和剩余举债能力,应对超出预期的不利冲击以及把握未来有利投资机遇的能力,是企业融资对内外部环境变化做出反应的能力。由此可以看出,这些学者的观点主要强调柔性理论在管理理论中的延伸和利用,并将其上升为战略的高度。

基于上面的分析可以把财务柔性理解为,企业调用内外部资源预防环境突变给企业带来损失和抓住有利投资机遇的能力。这种能力以制订预防性、开拓性、适应性的财务方案为前提,通过合理调用和使用企业资源来实现,这种能力不仅体现了财务柔性的当前市场价值,而且反映了其时间价值。所以财务柔性的功能可以从两个层次体现:满足日常生产经营的刚性需求和偿还债务需求的能力以及预防未来不利冲击和抓住有利投资机遇的能力。首先,满足日常生产经营和偿还债务的刚性需求能力是指当前企业的能力,通过企业现在的财务状况能够反映出来,主要体现在资产的流通能力、盈利能力、预期流入企业的自由现金流量和企业的经营风险等。其次,应对未来不利冲击或把握未来有利投资机会的能力是指潜在的能力,主要体现在企业的财务政策与长期发展战略目标的适应性、融资以及资金运作等。

1.2.2　内外部治理机制

公司治理问题一直是学者们关注的热点研究问题,由于研究角度和方法的不同,对公司治理概念的理解也不尽相同。学者们对公司治理的概念的理解主要划分为三个层面:制度安排,组织结构以及决策机构。科林(Colin,1995)认为,公司治理是企业为了实现股东利益最大化目标而实施的一种制度安排;施莱弗等(Shleifer 和 Vishny,1997)的研究观点认为,公司治理是保证投资者能够如期收回投资资本并且获得理想的回报的决策机构。国内研究学者吴敬琏(1994)的研究观点是,公司治理是指企业的股东、董事会以及经营者相互作用的一种组织结构,三个主要的企业管理者在组织结构中是一种相互约束和监督的关系。

企业的股东、董事会、经营者以及其他利益相关者能够从企业得到的收益的多少,是由他们拥有的企业控制权的大小所决定的。各个参与者通过利益争夺再协商解决的方式,经过长期的、反复的争夺和妥协达到一种稳定的状态,最终产生了以公司治理为核心的制度。公司治理机制所要解决的问题和研究的内容是怎样使企业的各利益相关者得到应有的回报。公司治理有狭义公司治理和广义公司治理之分。所谓狭义的公司治理,是指在企业的资源计划范围之内,实现公司治理目标的一种机制的总称,主要内容包括董事会管理、经理人员激励方案以及控股股东管理等。所谓广义的公司治理,是指超出企业资源计划的范围,包含法律制度、政府监管以及市场发展等,包含的内容更加广泛,研究的深度和难度也相应增加。本书对公司治理的研究主要采用公司治理的广义概念包含的范围,故将公司治理机制分为内部治理机制和外部治理机制。

1.2.3 公司价值

由于产权市场的兴起,美国研究者们在 1960 年首先提出了公司价值的概念。莫迪利亚尼和米勒(1958)的研究观点认为公司价值是公司在市场中的存在价值,公司价值等于企业发行的股票和企业债务的市场价值的总和,即企业的股权和债权市价的总和。根据资产定价理论的观点,股权和债权资产的价值是指企业未来收益贴现的现值,也是企业未来收益流量的现值。在莫迪利亚尼和米勒提出公司价值的定义以后,其他研究者也对公司价值进行了相关的研究分析,他们认为决定公司价值的两个因素是未来现金流量和折现率。

随着学者们对 MM 理论研究的逐渐深入,对于公司价值理论的理解也越来越丰富。归纳起来各派学者基于不同研究视角对公司价值的理解可以分为以下几个方面:根据马克思政治经济学的观点,公司价值是指凝结在企业这一特定产品上的无差别的人类劳动,按照社会必要劳动时间来决定公司价值。根据市场交易的观点,公司价值是按照企业的潜在的预期收益表现来确定的。根据管理学的观点,公司价值是指企业遵循价值规律,按照以价值为核心的管理活动,能够使企业各个参与者都得到理想报酬的能力。企业本身就是一种劳动产品,融合着社会必要劳动时间,它也是一个以实现公司价值最大化为目的的经济实体。根据发展的观点,企业的盈利能力主要分为两类:一类是企业当前日常生产经营的盈利能力,另一类是未来不可预期的盈利机会。因此,公司价值的大小是企业盈利能力的强弱来决定的。

综上所述,公司价值具有整体性、市场性、收益性的特征。公司价值是企业在当前日常生产经营的盈利能力价值与未来不可预期的盈利能力价值的总和;公司价值是指企业估计现金持有水平和它的加权平均资本的成本,根据贴现率折现的现值;公司价值和企业的财务决策活动联系十分密切,反映了企业所持有现金的市场价值、所面临的风险以及潜在的能力。从公司价值的实质来看,它不仅反映了企业的过去和现在,而且反映了企业的未来。

1.3　研究目标和研究内容

1.3.1　研究目标

随着经济全球化和我国经济的高速增长,中国公司经营者对于投资机会的把握和经营风险的防范意识都在逐渐加强。公司只有具备较充裕的自由现金和较宽裕的举债空间,才能够更好地把握所面对的投资机会和更加有效地防范来自市场不确定带来的风险,因此公司的财务柔性持有逐渐成为专家学者所关心和研究的热点问题。从目前的研究结果来看,国外对于公司财务柔性持有问题的研究开展得较早,已有的研究涉及的领域较多,但对于财务柔性的相关问题的争议也较多,缺乏系统的总结。目前国内在这方面的研究尚处于起步发展阶段,而且由于我国的经济结构总体来说同国外发达国家相比有一定的差异,国外的很多研究结果并不完全适用于我国公司,所以不能够直接为我国公司的财务决策提供可靠的支持。

因此本书的主要研究目标,就是通过梳理国内外关于财务柔性问题研究的文献,对这个问题进行总结和分析,在总结和分析的基础上以我国的上市公司为研究样本,在我国经济和政治背景下,通过对内外部治理机制各个影响因素的比较分析,厘清内外部治理机制与财务柔性持有行为的关系,同时研究公司财务柔性如何影响公司价值,最后研究内外部治理机制在财务柔性与公司价值关系之间的调节作用,争取在现有研究基础上,能够对财务柔性的相关研究进行补充。

1.3.2　研究内容

本书通过梳理现有的国内外文献,从财务柔性出发,以公司的内部治理机制和外部治理机制为视角,分别研究内外部治理机制对财务柔性持有行为的影响、财务柔性对公司价值的影响,以及内外部治理机制在财务柔性与公司价值之间关系中的调节作用。

本书一共分为八章,各章的主要内容如下。

第一章,绪论。本章的主要内容是论述本书的研究背景和研究意义,有关财务柔性、公司内外部治理机制以及公司价值等相关概念的界定,研究目标和研究内容,技术路线和研究方法,最后是本书的创新点。

第二章,文献综述。本章的主要内容是围绕公司内外部治理机制、财务柔性和公司价值等核心词进行文献梳理,具体包括:影响内部治理机制和外部治理机制的各个因素;财务柔性的来源、财务柔性的测度和财务柔性的功能;内部治理机制和外部治理机制与财务柔性持有行为之间的关系;财务柔性和公司价值之间的关系以及公司内外部治理机制对财务柔性与公司价值之间关系的影响等方面。

第三章,制度背景分析。本章主要对与上市公司内外部治理机制以及财务柔性持有状况等相关的制度背景进行了分析。其中上市公司的内部治理机制包括股权结构和董事会结构两方面;外部治理机制包括政府对市场的监管状况、法律制度状况和市场发展状况三方面。上市公司财务柔性持有的状况则从现金持有、财务杠杆以及二者相结合等角度进行了分析。

第四章,理论基础。本章的主要内容是介绍有关内外部治理机制、财务柔性和公司价值的相关理论,其中内外部治理机制相关理论具体包括委托代理理论、利益相关者理论、产权理论、不平衡增长理论以及竞争理论等。财务柔性的相关理论包括货币需求理论、信息不对称理论、优序融资理论以及战略价值理论等。公司价值相关理论包括 MM 理论、权衡理论以及公司价值评估理论等。

第五章,内部治理机制与财务柔性持有行为的实证分析。本章的主要内容是实证分析内部治理机制各因素与财务柔性持有行为之间的关系,具体包括第一大股东持股比例、股权集中度、交叉上市等涉及股权结构方面的内部治理机制与财务柔性持有行为之间的关系;董事长与总经理两权分离程度、独立董事比例以及董事会下设置专业委员会数量(四委设置)等涉及董事会结构方面的内部治理机制与财务柔性持有行为之间的关系。

第六章,外部治理机制与财务柔性持有行为的实证分析。本章的主要内容是实证分析外部治理机制各因素与财务柔性持有行为之间的关系,其中包括公司所在地区政府对市场的干预程度、公司所在地区市场中介组织的发育与法律服务以及公司所在地区市场化进程三者与财务柔性持有行为之间关系的研究。

第七章,内外部治理机制对财务柔性与公司价值关系影响的实证分析。本章依次实证分析了财务柔性与公司价值之间的关系,公司内部治理机制对财务柔性与公司价值之间关系的调节作用,以及公司外部治理机制对财务柔性与公司价值之间关系的调节作用。

第八章,研究结论与政策建议。本章对论述的各种理论和相关假设的实证检验结果进行归纳总结得出本书的主要研究结论,在总结研究结论的基础上提出相关的政策建议,最后分析本书研究的不足并对未来研究提出展望。

1.4　技术路线和研究方法

1.4.1　技术路线图

为了实现研究目的,本书按照如图 1 - 1 所示的技术路线图展开具体的研究过程。图1-1中详细地描述了本书的研究思路、研究内容以及研究方法等。

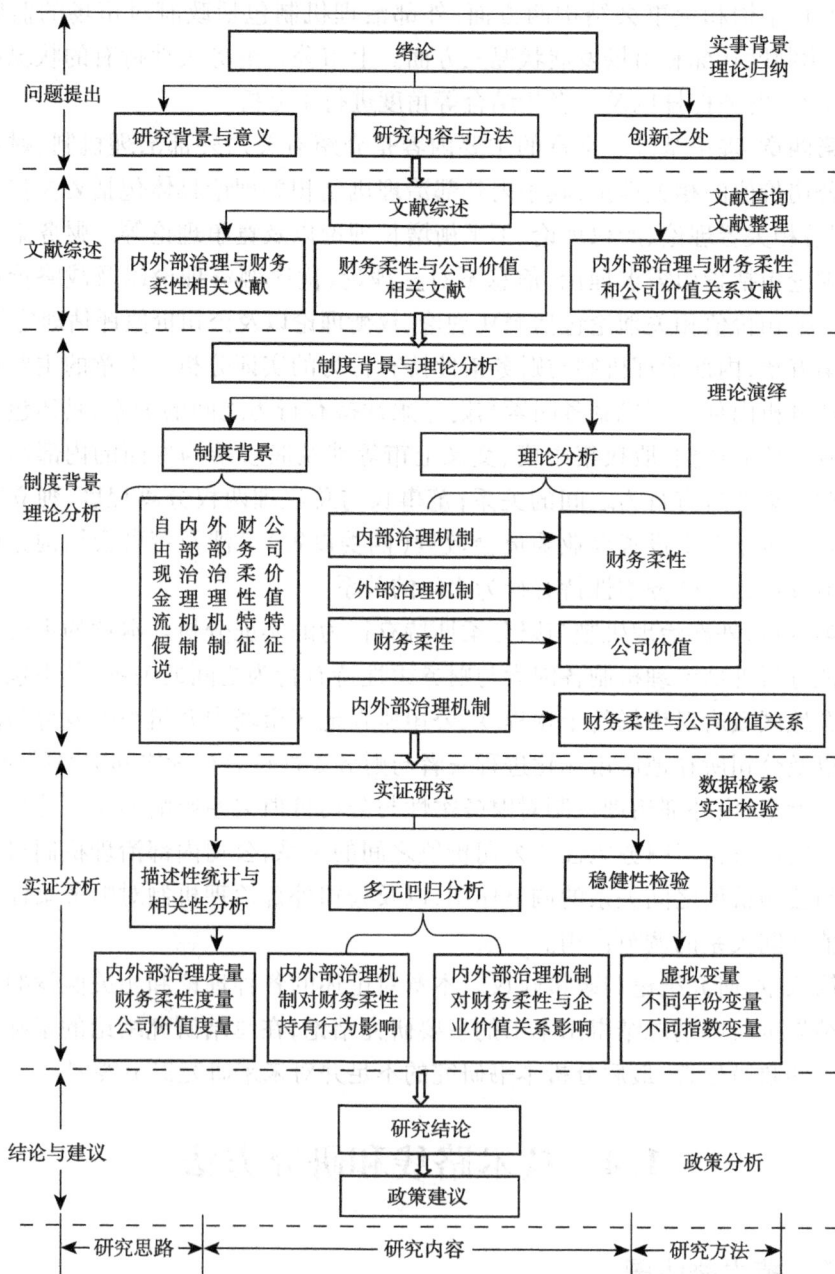

图1-1 技术路线

1.4.2 研究方法

为了使本书所得结论更加严谨、可靠,在研究过程中,本书采用多种研究方法相结合的方式,对所需研究的问题进行论述分析。

(1)本书的逻辑分析方法主要体现在理论研究及文献综述的部分。对国内外关于财务柔性的研究理论进行梳理总结,不仅按照时间先后的纵向顺序对文献做出简单的罗列介绍,而且对相同类型问题的研究成果进行横向总结,从横纵两个方向对已有的研究成果进行归纳。此外,本书在文献综述部分也对与公司内外部治理机制和公司价值以及三者之间关系的已有研究成果进行了相关的梳理。通过文献综述,本书不仅从已有文献中汲取了有价值的研究观点和研究方法,更重要的是发现了现有研究的不足之处。

(2)本书的规范研究主要体现在制度背景分析与理论基础方面。本书先后介绍了我国上市公司的内部治理机制状况、外部治理机制状况以及上市公司财务柔性的持有状况,这些制度背景和状况分析为本书的研究提供了实务基础。本书还分别阐述了内外部治理机制、财务柔性以及公司价值等方面的相关概念,这些研究为本书的展开研究奠定了理论基础。

(3)本书的实证研究主要是在规范研究的基础上,运用我国上市公司财务数据进行分析。本书从我国 2009—2014 年间在沪深 A 股上市的 2 000 余家上市公司中选取 11 239 个公司样本为研究对象,利用 Excel2013 和 Stata12 等软件系统先后进行描述性统计分析、相关性分析、多元回归分析以及稳健性检验,为本书所提出的研究假设提供证据支持。

1.5　本书的主要创新点

本书在总结国内外关于公司治理、财务柔性和公司价值问题相关研究成果的基础上,利用选取的我国上市公司的实际经营数据信息,对内外部治理机制是否影响以及如何影响公司财务柔性持有行为、财务柔性与公司价值之间的关系,以及内外部治理机制如何影响财务柔性与公司价值之间的关系等问题进行探索性研究。主要的创新点如下:

第一,本书为财务柔性的相关研究拓宽了新的领域。现有的实证研究更多的是集中于对财务柔性的经济后果的研究,比如其对公司价值、投资效率以及现金股利等方面的影响。本书则是从公司治理机制影响公司持有财务柔性行为的角度入手,在研究了内外部治理机制对公司财务柔性持有行为的影响的基础上,研究财务柔性对公司价值的作用后果。通过公司内外部治理机制这一视角,将财务柔性的"前因后果"纳入一个框架进行研究。

第二,本书对财务柔性的度量也体现了一定的创新性。现有文献在对财务柔性进行研究时,或者将其拆分为现金柔性和负债柔性来分别进行研究,或者通过构建综合指标的方式来度量财务柔性。拆分为现金柔性和负债柔性的方式只能从单一的角度对财务柔性进行研究,并且二者所得到的结论有时也无法统一,这种方式忽略了二者之间的作用关系。构建综合指标的方式则会引起对构建指标的合理性、有效性的批评,并且不同学者对构建指标时应该选取的维度以及构建方法也莫衷一是。本书则采取了折中的方式,将现金柔性与负债柔性二者结合在一起展开研究。此外,本书在实证分析中采用了连续变量的形式对财务柔性持有行为进行了度量,但在稳健性检验中,本书采用了虚拟变量的形式来度量财务柔性的持有行为,这样就不仅定量地考虑了财务柔性持有行为的"多少",同时也定性地考虑了财务柔性持有行为的"有无"。

第三,有关公司治理的问题一直是学者、企业管理者和政府监管者颇为关注的问题。虽然各方对"好的公司治理对公司价值的提升乃至整个社会的发展都有促进作用"这样的观点已达成一定的共识,但当具体到何谓"好的公司治理"时,依然存在很大争论。公司进行有效的财务行为被认为是公司经营者的主要职责之一,但是经营者也可以利用财务行为为自身谋取不当的利益。公司治理作为减少代理成本的有效途径,必然也会对经营者的财务行为及其行为效果产生重要的影响,因此,本书选择公司治理这一全新的视角来研究其对财务柔性和财务柔性与公司价值关系的影响进行研究。

第四,在明确了公司治理这一研究视角的基础上,本书在度量公司治理机制方面也有所创新。本书并没有使用目前较广泛采用的构建公司治理综合指标的方式,而是对公司治理机制的各种因素分别进行了研究。在将这些治理机制分为内部治理机制和外部治理机制两大类的基础上,不仅考虑了如股权结构和董事会结构等内部治理机制,同时也考虑了反映市场化的外部治理机制,从中分别选择了第一大股东持股比例、股权集中程度、交叉上市、董事长与总经理两职分离、独立董事比例、董事会下设置专业委员会的数量、政府干预程度、市场中介组织的发育与法律服务以及市场化进程等指标。本书以每一种治理机制为视角对其与财务柔性之间的关系展开研究,可以清晰地发现这些治理机制是否对财务柔性产生了影响,而避免了概括性地泛泛而谈。

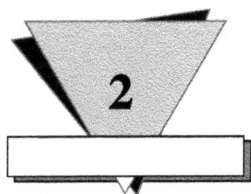

2

文献综述

在上一章对本书的研究背景、意义、内容和方法等加以介绍之后,本章的主要内容是对国内外相关的已有文献进行梳理,总结出对公司内外部治理机制、财务柔性以及公司价值等相关问题研究的优势与不足,在此基础上为本书的研究寻找切入点和突破口,力求在继承已有文献中优点的同时弥补一些研究的空白。

2.1　内外部治理机制的研究综述

威廉姆森于 1975 年最先提出了"治理结构"(Governance Structure)的概念。在随后的 20 世纪 80 年代初期,就有学者将"公司治理"(Corporate Governance)的概念引入了相关的研究领域。在此之后,公司治理问题就一直都是国内外学者研究的焦点,所谓公司治理是指现代企业在决策、激励、监督、约束等方面的制度原则,包括企业的利益相关者们在权利与义务、效率经营以及科学决策等方面的分配、制衡。公司治理的本质就是关于企业的权利安排和义务分配的问题,这种权利安排和利益分配的合理与否是公司价值最重要的影响因素。因此,公司治理是企业稳定、持续发展的第一重任。丹尼斯(Denis)和麦克康奈尔(McConnell,2003)指出,公司治理可视为一种机制的组合,主要包括制度性和市场基础的概念。

就公司治理机制概念本身而言,公司治理机制是指公司内外部关于自身的机制运作与控制过程,主要是指公司运营上的相关决策问题,并由此进一步扩展为如何通过实施这些决策,使公司投资者的报酬达到最大化的目标问题。公司治理机制可以从不同角度加以分类,本书则是将公司治理机制分为公司内部治理机制和公司外部治理机制。其中内部治理机制指的是企业内部通过组织程序所明确的股东、董事会、监事会等对经营管理者进行监控的机制;外部治理机制指的是产品市场、资本市场和人力市场等市场机制对企业利益相关者的权利和利益的作用及影响。

就内部治理机制与外部治理机制之间的关系而言,很多研究者们认为它们之间是一种替代关系或者协同关系。克莱柏(Klapper)和赖务(Love,2002)的研究表明,在法律建设不完善的国家,公司内部治理机制的作用表现得比较显著,因为企业可以通过建立完善的公司治理结构和加强投资者保护力度来弥补法律的不足。所以,要解决由于所有权和经营权分离而产生的企业信息不对称和所有者与经营者利益不能趋于同等的问题,不仅需要依靠公司内部产权的有效配置及与之相适应的激励机制的实施,而且还要依靠公司外部治理机制发挥其应有的作用。两种治理机制的关系应该是相互协调统一的,相辅相成,缺一不可。

2.1.1 内部治理机制构成因素

公司内部治理机制是在股东委托授权情况下,一般由董事会、监事会和经营者三者共同完成对企业的内部治理。公司内部治理是经过合理的制度安排对企业经营者进行的监督和制衡,是一种所有者和经营者的权利和责任关系分配的体现。与此对应的是,考克兰(Cochran)和伍德(Wood,1984)的研究表明,公司内部治理的任务就是解决股东、董事会、经理人员和其他利益相关者之间的利益冲突问题。从广义的角度说,内部治理机制是研究公司控制权或剩余索取权在企业的利益相关者中如何分配的问题。韦斯巴郝(Weisbach,1988)研究表明,企业需要建立更加独立的董事会机构,使更多具有专业知识背景的独立董事参与到公司治理中,使管理层的决策在追求大股东利益的同时,也能保护其他中小股东的利益。詹森(Jensen)和莫菲(Murphy,1990)的研究表明,企业需要建立和完善奖罚分明的经理人员薪酬激励制度,通过重新建立公司的内部人员权利和责任之间的关系,规范企业经理人员在享有高薪待遇和执行决策权的同时,也能履行自身的义务和承担相应的责任,对企业尽职尽责。

本部分主要从内部治理机制的八个因素入手(所有权性质、第一大股东持股比例、股权集中度、是否交叉上市、董事长与总经理的两权分离程度、独立董事比例、董事会规模和专门委员会设立),梳理国内外学者对内部治理机制因素及其与公司相关财务行为之间关系等方面的研究。

(1)所有权性质。在我国特殊的产权制度背景下,上市公司的所有权性质一直是影响公司各种行为的一个重要因素。徐晓东、陈小悦(2003)的研究发现,由于所有权的性质不同,上市公司的公司价值、股权结构和公司的治理效力也会有所不同。第一大股东是非国家股股东的企业,盈利能力更强,企业的经营更加灵活,公司的治理更加有效,企业的经理人员面对的来自企业内部和外部市场的监督和激励更多。夏立军(2005)的调查研究表明,同属于一个行业的企业,与非国有企业相比较,国有企业的公司价值更大一些。

还有一些学者从所有权性质影响公司财务行为的角度进行了研究。肖作平（2009）采用中国非金融上市公司截面数据进行了研究，提供的经验证据表明，最终控制人是国有企业的，其控制股东具有强烈的股权融资偏好，这类企业的资产负债率相对较低；少数控股股东的股权集中度和企业的债务水平呈正相关。苏琳（2013）根据我国上市公司所有权性质的不同，把样本数据分为国有企业和非国有企业两类，经实证研究发现国有上市公司财务柔性水平要低于非国有上市公司，而且非国有上市公司储备财务柔性具有更高的公司价值。

（2）第一大股东持股比例。在国外的研究中，从控制权与现金请求权的视角出发，德姆塞斯（Demsetz，1985）和拉柏（LaPoart，1999）等的研究表明，当控股股东拥有的控制权远远大于其对公司现金流量请求权时，控股股东追求个人利益最大化的强烈愿望会导致中小股东的利益受到损害。当第一大股东的持股比例低于20%，大股东对公司没有绝对的控制权，且对现金流请求权也很小的时候，大股东和中小股东的利益追求趋于一致。当第一大股东的持股比例高于30%时，虽然大股东能够对企业实施有效的控制，但是与其持股比例的控制权相对应的现金请求权却相对比较低，控制权和现金流请求权两者之间不对称，导致大股东增加现金流的动机也比较弱，那么大股东比较倾向增加其能够实际控制的现金流量，导致其从事有利于自身利益最大化的投资或者直接侵占公司的资产。当第一大股东持股比例继续增加，而且拥有绝对的控制权时，大股东及其他股东追求的利益目标一致，都是实现公司价值最大化。

从第一大股东持股比例与债务融资的视角来看，特鲁尔（Teruel）和索兰诺（Solano，2006）认为第一大股东持股比例与债务期限两者之间是倒"U"形的关系，即当控股大股东的持股比例不断增加的时候，企业就会选择借款期限更长久的债务，但是当控股股东的持股增加到一定比例的时候，债务的期限就会由于控股股东持股比例下降而下降。在现金持有方面，安德森（Anderson）和哈马迪（Hamadi，2009）的研究发现，企业大股东持股比例越高，流动性资产水平就越高，并且这种现象在家族企业中更为突出。总之，企业控股股东保持高水平现金流主要是为了预防企业在经营过程中所遭遇的风险。

在国内的相关研究中，针对大股东持股比例与现金持有行为二者之间的关系，学者们展开了大量研究，但是并没有形成一致的结论。有些研究者的观点认为控股大股东持股比例与现金持有量之间呈非线性关系，而有些研究者则发现控股大股东持股比例与现金持有量之间呈显著正相关的关系。

一些学者认为控股大股东的持股比例和现金持有量之间存在非线性关系。

例如:辛宇和徐莉萍(2006)对控股股东持股比例与现金持有水平之间的关系进行分析发现,二者之间主要呈现出"U"形的非线性关系。但是,国有企业的这种非线性关系比非国有企业更加显著,当控股大股东的持股比例小于49.6%的时候,控股大股东持股比例和超额现金持有量两者之间是负相关的,即大股东持股比例越少,超额现金持有量越多;当第一大股东持股比例大于49.6%时,大股东持股比例与超额现金持有量间呈现正相关关系,即大股东持股比例越多,公司持有超额现金比例越多。原因可能是由于大股东持股比例超过49.6%时,他们对企业的控制能力增强,缺乏行之有效的监督和管理,导致大股东追求自身利益最大化而做出损害公司价值的行为。高雷和张杰(2008)研究表明,企业第一大股东的持股比例与现金持有量之间呈倒"U"形关系,当第一大股东持股比例较低或者较高的时候,企业的现金持量较少。李菁(2010)的研究同样表明,企业第一大股东持股比例与现金持有量之间呈倒"U"形关系。

另一些学者则认为二者之间存在着线性关系。胡国柳、刘宝劲和马庆仁(2006)从经理人员操纵代理成本的角度分析,发现第一大股东在公司中所持有的股份越多,那么公司的现金持有量也会越大,但是两者之间的相关性并不太显著。

还有一些学者研究第一大股东持股比例与债务水平之间的关系。肖作平(2009)采用中国非金融上市公司的截面数据,结果提供的经验证据发现,第一大股东的持股比例和企业的债务水平呈负相关关系。

(3)股权集中度。股权集中度也就是持股比例的离散程度,是另一个重要的公司股权方面的治理机制。国外学者对股权集中度与现金持有两者之间的关系的研究比较全面。福克恩德(Faulkender,2002)对公司持有现金水平的影响因素进行了研究,认为公司的股东数量与现金持有水平呈正相关关系。他认为由于股权的分散对于经理人员的监督和管理不利,使得企业能够储备并持有大量的现金,但是随着股权越来越集中经理人员受到有效的监督和管理,保证闲置资金被用于投资,因此企业持有的现金越来越少。甘尼(Guney,2003)的研究结果发现,企业的股权集中度和现金持有量两者之间是负相关的关系,并且他认为企业外部融资成本降低的主要原因是大股东的存在。

国内也有一些学者研究股权集中度与现金持有或资本结构之间的关系。武晓玲(2007)的研究表明,企业的股权集中度和现金持有量两者之间呈现"U"形的非线性关系。当企业的股权较为分散的时候,随着股权集中度不断增加,由于大股东对经理人员追求自身利益最大化动机的监督和管理逐渐加强,因此企业的现金持有量将会降低;当股权集中度达到一定水平时,大股东侵占中小股东利益的动机增强,大股东就会做出使公司价值和其他中小股东利益降低的行为,企业的现金持有水平因此升高。肖作平(2009)的研究表明,企业控股大股东的持股比例和少数大股东持股集中度的交互项与债务水平之间呈正相关性关系,这说明少数大股东持股集中度的提高能削减第一大股东和债务水平两者之间的负相关关系。谢军和何翠苑(2011)的研究发现,企业的股权集中度与现金持有量两者之间呈负相关关系。

(4)是否交叉上市。在企业的股权结构方面,是否在多个地区进行交叉上市也是一个重要的公司治理机制的因素。企业选择上市所在地区的重点并不是选择上市交易所,而是选择为企业发展提供资源的股东和市场,只有这样才能使企业的发展与资本市场的发展完美结合。企业选择上市地区需要考虑以下几个因素:首先,企业拟上市地区的市场发展状况是否符合企业战略决策的要求,包括产品市场、要素市场、资本市场和证券市场等。其次,企业与拟上市地区业务关联度的强弱。再次,拟上市地区的投资者对企业的认可度的强弱,公司治理是否符合拟上市地区的法律法规。最后,拟上市地区的地理位置和制度背景等。

在现金持有水平和现金持有价值方面,国内学者均做出了相关的研究。廖理和肖作平(2009)的研究结果表明,与没有发行外资股企业相比,发行外资股企业的平均现金持有水平较低。因为发行外资股的企业投资者保护程度较强,投资者保护力度的加强约束并降低了经理人员对中小股东利益侵占的可能,预防了经理人员的机会主义行为,使得经理人员降低了现金持有水平。孙刚(2011)选取我国2001年至2006年的上市公司为研究样本数据,实证分析A股、A+B股和A+H股之间上市公司的现金持有价值的不同。研究表明,在2001年至2003年期间,发行外资持股A+B股和A+H股的企业,其现金持有的价值比仅发行A股的企业的价值要高;但是在2004年至2006年期间,研究结果并不显著。研究学者解释,这可能是由于我国政府在2004年颁布了新的《证券法》,使得我国证券市场的信息披露制度更加完善,从而能够更好地保护中小股东的合法权益。

(5)董事会规模。董事会的规模决定了董事会决策的效果和效率。詹森(1976)的研究结果表明,企业的董事会规模越大,那么参与经营决策的董事就会越多,使得董事会的决策制定效率降低。库斯那迪(Kusnadi,2003)选取新加坡的上市公司为研究样本,研究发现企业的现金持有水平和董事会规模两者呈正相关的关系。陈(Chen)和张(Chuang,2009)选取1997年至2003年上市公司为研究样本,研究分析有效的公司治理结构与企业的现金持有行为两者之间的关系,发现高级管理人员的持股比例越高,高级管理人员就越有可能发挥利益协同效应,那么董事会就会允许高级管理人员储备高额的现金。企业的董事会规模和现金持有水平两者之间呈负相关关系,即董事会的规模越大,就越无法发挥有效的监督作用。

在国内学者方面,张凤(2006)研究发现,针对经理人员储备现金的机会主义行为,董事会发挥比较强的监管效用。企业董事会的规模越小,企业日常生产经营决策以及重大决策的效率就会越高。如果董事会的规模特别大,会使得企业的经营决策制订的过程变得非常缓慢而没有效率,监管作用不能得到有效发挥。除此之外,如果企业的董事会规模过大,有可能会导致董事会的个别成员没有履行其责任而出现搭便车的现象,搭便车现象的出现不仅浪费了社会资源,而且还给经理人员的机会主义行为的实施提供了可操作性。经理人员通常会通过职权来增加现金储备,从而提升自己的待遇和在职消费等自利行为。杨兴全和孙杰(2007)选取2000年至2005年的我国上市公司作为研究数据,研究分析董事会规模对现金持有水平的影响,研究发现企业董事会的规模与现金持有水平呈显著负相关关系。这或许是由于董事会的职能得到有效发挥,因此加强了董事会对经理人员的监管作用,减少了经营管理层的"壕沟"行为。廖理和肖作平(2009)选取我国上市公司为样本数据,实证研究了董事会主要的特征对企业现金持有水平的影响。结果表明,董事会规模与现金持有水平两者之间呈显著正相关关系,由于董事会规模过大,董事成员过多,董事成员之间的沟通协调能力下降,经理人员与股东的利益冲突加大,因此,经理人员可以选择以牺牲股东的利益为代价来达到自己的目的。徐新华和王抬鸿(2012)选取2002年至2006年我国上市公司的数据为研究样本,以董事会的特征为研究视角,发现董事会规模和企业的现金持有量两者之间是正相关的关系。

(6)董事长与总经理的两权分离程度。董事会结构是内部治理机制的一个重要组成部分,其中董事长与总经理的兼任情况更是一个重要因素。国外学者更多的是从终极控制权与现金流权的角度进行分析考察。克莱森斯(Claessens,2002)的研究表明,企业终极控股股东的控制权和现金要求权的分离程度越大,那么终极控股股东挪用企业资源以及损害企业财富的行为就越严重。奥兹坎（Ozkan，2002）选取英国的上市公司的数据作为样本，研究了企业的股权结构与现金持有水平两者之间的关系。研究发现股权结构和现金持有水平之间呈非线性的关系，当经理人员的持股比例大于64%的时候，两者之间呈正相关关系；但是，当经理人员的持股比例小于24%的时候，两者之间呈负相关关系。奥兹坎（2004）又以终极控制权为研究视角，研究了企业第一大股东身份对企业现金持有政策的影响，以及企业控制权和现金流权的两权分离度与企业现金持有政策的关系。研究发现，企业终极控股股东身份对现金持有量具有显著影响，同时企业控股股东的控制权和现金流权两权的分离程度与现金持有量之间是相关的。当企业掌握控制权股东的身份是家族所有者的时候，企业的现金持有量较其他企业显著增多，因为终极控股股东通过增加现金持有量的方式来保障自身控制权的优势稳固。企业的终极控股股东控制权和现金流权分离程度与现金持有量两者是显著负相关的，就是当控股股东的控制权大于企业的现金流权的时候，企业的现金持有量将会减少。

　　国内的专家学们者也通过终极控制权与现金流权的分离来研究两权分离的治理机制，形成了相关的研究成果。家族企业是我国上市公司的重要组成部分，也是学者们研究公司治理的重点。向锐（2010）选取2004年至2006年我国家族型企业上市公司为研究样本，选择拉柏等人计量终极控股股东的投票权和现金流权的方法，研究分析了企业的控制权和现金流权两权的分离程度与企业现金持有水平之间的关系。研究发现，金字塔型的终极控股股东控制权和现金流权的分离程度和企业的现金持有水平存在正相关的关系。这说明在金字塔型控股股东的结构下，控制权和现金流权的两权分离程度越大，企业的现金持有水平就会越高，终极控股股东对企业财产的侵占行为就会越严重。郭红卫（2010）选取了2006年至2009年我国上市公司作为研究样本，实证分析了企业控制权与现金持有水平两者之间的关系。结果表明，企业的现金流权与控制权的两权分离程度越大，企业的现金持有水平就会越高。这表明当企业控股股东的控制权大于现金流权的时候，控股股东有更大的动机损害公司价值以及中小股东的权益，以此得到控制权所带来的私人收入。除此以外，控股股东的身份同样对企业的现金持有水平发挥作用。当控股股东控制的企业是民营企业时，它的现金持有水平比国有企业的现金持有量水平要高得多。樊晓晶（2010）选取我国2004年至2006年上市公司为研究样本，实证分析了企业最终控股股东的两权分离程度以及市场化进程对现金持有水平发挥的作用。研究发现,在所有的样本数据下,两权分离程度对企业现金持有量并没有显著的影响,但是加入市场化指数这一变量之后,控制权和现金流权的分离程度在10%的水平上与现金持有水平呈正相关关系,企业的现金持有水平随着企业所在地区的市场化指数的增加而明显降低。因为国有股控股的企业较非国有控股企业受到政府更多的保护,市场化程度对企业现金持有水平的作用比非国有控股企业的作用要小,这也表明了我国政府对国有企业的保护有一定的消极作用,因为政府对其保护减少了市场化等企业外部治理机制对国有企业内部治理机制的影响作用。Kuan(2011)选取台湾企业作为研究样本,分析了家族控制型企业的公司治理和现金持有政策两者是如何相互影响的。研究发现,家族控制型企业的控制权和现金流权的分离程度越大,企业的现金持有量则越多,两者之间呈现显著正相关关系,但是非家族控制型企业两者之间的关系并不显著。赵丹月(2012)研究发现,在其他限定变量不变的条件下,控制权和现金流权实现分离的企业,与未实现两权分离的企业相比较,其资产挪用的动机更大,所以企业持有现金的价值更低。在两权分离与债务成本方面,李敏(2013)的研究发现,在市场化进程发展比较快的地区,家族控制型企业控制权和现金流权的分离程度和债务成本之间的正相关关系会变弱。

(7)独立董事比例。通过在董事会中引入独立董事,可以更好地反映出其他利益相关者对企业经营状况的关切,同时加强了董事会的治理效应。法玛(Fama)和詹森(1983)在研究中发现,董事会中独立董事的比例较高能够敦促董事会履行他们对经理人员的监督和管理的职能,降低经理人员的自利行为;董事会中独立董事所占的比例提高能使董事会更有效地发挥约束和管理作用,更有利地约束经营管理者的机会主义行为。库斯奈迪(Kusnadi,2011)以新加坡和马来西亚两国的上市公司为研究样本,研究分析公司治理机制对企业现金持有的影响和作用,以及公司治理机制和现金持有两者与公司价值的关系。研究表明,如果企业是单一领导权结构并且企业的独立董事比例比较低,那么企业的现金持有水平则较高。

国内也有学者对独立董事制度做出了研究。张凤(2006)研究发现,企业建立的独立董事制度有利于使经理人员和企业股东们的利益趋于一致。但是,独立董事的比例并不是越大越好,应该结合企业规模和所处行业将企业独立董事的比例控制在适当的范围之内。由于独立董事可能会受到经理人员的影响或者控制，他们会更多地考虑经理人员的目标追求，使企业的现金持有水平较高。吴荷青（2008）选取我国1999年至2005年的上市公司为研究数据，研究分析公司治理结构和企业现金持有行为的关系。发现企业董事会的规模以及外部独立董事比例和现金持有水平是负相关的关系，但是回归结果并不显著。赵丹月（2012）研究发现，独立董事的比例和现金持有水平两者之间呈负相关关系，这表明独立董事的比例对降低企业持有过高的现金发挥了作用，但是这个作用并不是特别显著，这或许是因为在企业的经营决策中，独立董事的观点多数会被企业的经理人员、所有者以及其他利益相关者所控制。徐新华和王抬鸿（2012）选取2002年至2006年我国上市公司的样本为研究数据，以董事会的特征作为变量，发现企业独立董事的比例和现金持有水平两者呈显著正相关关系。

（8）专业委员会。董事会能否发挥其应有的治理机制，在很大程度上取决于是否能够将这些董事更好地组织起来。实务界和理论界普遍认为行之有效的方式是在董事会下设置专业委员会。经济发展与合作组织（OECD）于1999年颁布的《公司治理原则》中指出，公司应该在董事会下设置专业委员会，在这些委员会中独立董事应该担负起重要的职责。我国证监会和原国家经贸委于2002年联合发布的《上市公司治理准则》也对董事会下设置专业委员会做出了一定的规定。其中审计委员会、提名委员会以及薪酬与考核委员会中的半数以上成员应该由独立董事担任，并且由独立董事担任召集人。四个专业委员会在履行董事会的战略与监督职能过程中在不同方面发挥着作用。战略委员会主要负责对公司的长远发展战略以及重大的投资计划和融资计划进行管理；监督公司年度计划的制定并提出建议；提高公司的战略管理水平等。审计委员会一方面要对公司的会计制度和财务状况负责，并考核公司内部控制的有效性，另一方面还要对外部审计师进行评估和提名，并能够与其沟通有关公司财务报表审计的相关事项。因此，在审计委员会中，至少应该有一名独立董事具有相关财务背景。提名委员会既需要对董事、经理层等人员的选择标准和选择程序负责，同时也需要向董事会推荐候选的董事、经理层人员。薪酬与考核委员会的职责包括制订董事、经理层的考核标准；研究并制订经理层的薪酬计划，该计划既要对经理层有足够的吸引力，同时也要对其有激励作用；向股东大会报告有关董事薪酬安排的信息等。

国外一些学者对于董事会专门委员会在公司治理方面起到的作用早就进

行了研究,扎拉(Zahra)和皮尔斯(Pearce,1989)的研究证明公司设立专门委员会,可以帮助董事会合理制订公司发展战略,有效监督公司财务状况,考核管理层工作执行情况。韦尔迪(Wild,1994)选取美国1981年以前上市公司内部专业委员会设立情况为研究样本,研究专门委员会设立与公司财务收益的关系,研究证明专门委员会的成立可以通过要求财务报表披露更多公司财务信息来提高管理者的责任意识。克雷恩(Klein,1998)通过对董事会专门委员会的设立与公司绩效的关系研究,证明薪酬与考核委员会的设立与公司绩效之间存在正相关关系。陈(Chen)和加吉(Jaggi,2000)选取香港上市家族企业公司的专门委员会设立情况为研究样本,发现公司内审计委员会的设置可以显著改善家族企业的财务报表透明度,提高公司的经营效率。综上所述,首先,董事会规模大并不一定会很好地发挥其作用,而专业委员会则可以将部分董事组织起来在某一方面发挥其专长,这样就可以更有效地履行其职责。其次,董事会的运作机制是会议制,即通过定期或非定期会议的方式来履行职责。这种机制在对公司日常事务或者突发事件的管理中发挥的作用有限。因此,专业委员会可以在董事会闭会期间履行其战略和监督的职责,以弥补董事会运作机制的不足。公司专业委员会设置得越完善,越会促进公司为预防不利冲击和把握未来投资机会而持有财务柔性。

2.1.2 外部治理机制构成因素

丹尼斯(2001)根据企业发展所需资源的来源,将影响公司治理的因素分为内部因素和外部因素。其中影响公司治理的外部因素包括政治和法律环境、生产要素市场以及公司控制权市场等方面。国外学者马丁(Martin)、帕克(Parke)以及国内学者林毅夫等,认为公司治理的外部因素与公司治理的内部因素是相互关联、相互依存的。通常来说外部治理机制没有办法对经理人员进行有效的直接管理,但是可以通过约束和监督的方式,对企业的经理人员进行一种有效的间接管理,可以补充和加强公司内部治理机制的监管作用。国内学者衰卫、王莹也持相同的观点,认为公司外部治理机制可以对内部治理结构产生作用,与公司内部治理共同解决公司治理中存在的问题。在诸多外部治理因素中,政府监管和公司所在地区的法治水平等机制受到了较多的关注。

(1)政府监管。宇燕(2003)研究发现,政府机构通过建立完善、深入的监督、管理以及处罚制度,可以形成对企业有效的公司外部治理监督机制。夏立军等(2005)的研究结果表明,如果企业所在地区的市场化进程越快、政府干预程度越少、法治程度越高,那么企业所处的公司外部治理环境就会越好,对中小股东的权益保护程度就会越高,委托代理成本就会降低,企业的现金持有量就会降低。孙铮等(2006)的研究结果表明,企业长期借款占总借款的比例受市场化程度和政府监管力度两个方面的影响。杨小平、谢海娟等(2014)研究发现,企业现金持有的价值和资本支出边际价值比其账面价值要低。随着时间的推移,资本支出的边际价值有明显减小的迹象,研究结果说明企业的过度投资降低了现金持有的价值。结合政府干预程度,这一结果表明政府干预导致企业现金持有的市场价值减小,国有企业现金持有价值降低的现象更为突出。政府干预对企业现金持有价值的作用机制是通过要求企业进行过度投资等行为来影响企业的现金持有决策,并最终影响现金持有的价值。

(2)法律制度。关于地区法治水平的研究受到了国内外学者的一致重视。施莱弗等(1994)的研究发现,公司治理不仅涉及经济问题,而且也关乎法律和政治的问题。法律制度不仅在约束经理人员的自利行为时发挥着非常重要的作用,而且公司的内部治理机制也同样需要依靠法律制度的规范。费雷拉等(Ferreira 和 Vilela,2004)从债权人法律保护程度和执法力度的角度出发,研究分析两者与公司现金持有行为的关系。发现债权人的法律保护程度、执法力度和企业现金持有量呈正相关关系。甘尼(2003)的研究也同样发现,公司所在国家执行的法律制度会对现金持有行为有显著的影响作用。

国内的学者从法律环境对现金持有水平的影响展开研究。例如:周伟和谢诗蕾(2007)选取了2002年至2004年我国上市公司为研究样本,研究分析了我国法律制度对高额现金持有政策的影响,发现在法律制度环境相对较差的地区,企业进行外部融资所面临的约束比较多,储备高额现金的政策使企业在未来能够得到更多的投资收益。张照南和杨兴全(2009)利用2002年至2006年上市公司的数据样本,研究分析公司治理环境是如何影响企业现金持有水平和公司价值的,发现企业所处地区的法律制度环境和现金持有水平两者之间呈正相关关系,这说明法律制度环境的完善能显著增加上市公司现金持有的市场价值。

另一些研究学者从法律环境对债务水平的影响效果的角度进行了研究。肖作平(2009)以中国非金融上市公司截面数据为样本,从理论角度研究大股东和法律制度与资本结构决策之间的关系,发现法律制度对企业债务水平的影响由于债务期限的不同而不同,所处地区法律制度环境好的企业,其短期债务相对较高,而其长期债务相对较低。

2.2 财务柔性的研究综述

已有的研究文献大部分将现金持有水平或者债务水平作为研究对象分别进行分析,但是将财务柔性整体作为研究对象进行因素分析的研究文献较为少见。虽然企业现金持有水平和债务水平的影响因素并不能简单地作为财务柔性的研究对象,但是研究财务柔性却又必须考虑企业的现金持有水平和债务水平。所以,已有的关于企业现金持有水平和债务水平的研究文献为财务柔性研究提供了理论基础。

2.2.1 财务柔性的来源

公司财务柔性的来源主要包括资本运营以及生产经营等活动。DeAngelo等(2008)从资本结构动态模型的视角出发,发现企业如果面临意料之外的投资项目,可以通过低财务杠杆的途径来筹集资金,然后再利用投资项目带来的收益偿还债务。因此,企业财务柔性的获得有很多途径,不同的企业选择储备财务柔性的途径也不一样,企业不一定会根据“动用储备资金—动用剩余负债能力—进行权益融资”的顺序筹集资金。丹尼尔等(2008)的研究结果表明,当企业的现金流不能满足企业生产经营需求的时候,大部分企业不会选择使用储备的自由现金流,因为企业持有的现金对企业来说是十分有限的,企业首先会选择使用剩余举债能力来筹集资金满足企业需求。所以,可利用的剩余举债能力是企业财务柔性的首要获取途径。

国内研究学者们对财务柔性的来源则进行了更为翔实的研究。葛家澍、占美松(2008)认为财务柔性的来源主要有以下几个方面:一是在短期内增发股票或者发行债券;二是向银行或者其他金融机构借款;三是在不影响企业正常经营活动的条件下,销售闲置资产;四是通过改变营销策略来扩大销售业绩,从而增加企业的现金流。曾爱民(2011)认为企业可以分别从现金持有量、资本结构或者按照 DD 理论的指导这三方面来获取财务柔性。从现金持有量的视角,企业通过保持高现金持有量以增强财务柔性;从资本结构的视角,企业首先采取低财务杠杆比率的战略,然后通过提高财务杠杆的比率的方式为企业未来投资或者扩大规模保留筹集资金；从DD理论的视角，企业通过事前财务政策的联合性安排来获取事后的财务柔性。马春爱、孟瑾(2011)认为财务柔性的来源主要包括现金储量、资产销售和低财务杠杆。首先，当企业的现金持有水平较高时，企业可以利用企业闲置的自由现金流来满足它的财务需求，通过这种方式来避免减少给股东分配股利和减少企业投资项目。其次，一个面临现金短缺的企业可以通过出售资产来增加现金流。最后，企业应该保持较低的财务杠杆比率来保障企业遭遇不利冲击的时候，可以利用剩余举债能力获得所需资金。所以，当企业面临资金短缺的时候就可以利用剩余举债能力来满足需求。周心春(2013)则认为财务柔性的来源有四种。第一，财务柔性的获取途径是企业持有的闲置资金。第二，财务柔性来源于企业持有的未举债的能力。第三，按照信号传递理论的观点，企业可以通过发放股利的方式，来提高股东们对企业的信心，提高企业可以利用股权融资的方式获取资金的能力。第四，企业可以加强对隐性现金流的利用。

2.2.2　财务柔性的测度

财务柔性的测度既是评价企业财务柔性水平的核心，同样也是研究财务柔性的基础。但是到目前为止，有关财务柔性测量的研究仅散见于有关实证研究文献之中，没有形成体系。因此，我们需要对财务柔性的测量以及评价的相关研究文献进行回顾。目前关于财务柔性的测度主要侧重于数量维度，重点关注企业将来可以获得或者可以利用的财务资源的数量。现有的研究文献对企业财务柔性的测量主要以各种财务指标为依据，常见的方法主要有以下三种。

第一种是单一指标测量法。采用此种方法对财务柔性进行测量主要是依据单一的财务指标来判断柔性程度，对财务指标的选取主要是现金持有量和资本结构两个方面。奥兹坎等(Ozkan、Leonida和Inoa，2004)就曾经选取资产负债率指标判断企业的财务柔性水平。他们用公司实际的资产负债率水平与目标值进行比较，如果在一段时间内都高于目标值，则定义为低财务柔性，反之则为高财务柔性。这种目标值判断法在标准确定等过程中会掺杂过多的人为主观判断，因此后人又提出了百分位判定法，这种方法通常选取行业中的平均值指标作为参照，而无须估算目标值。此后，国内外学者如赵蒲和孙爱英(2004)、奥兹坎等(Ozkan、Florackis和Arsla，2008；Marchica和Mura，2009)都曾使用此种方法对财务柔性进行测量。

第二种常用的方法是多指标结合法。单指标法虽然简单易操作,但它对财务柔性的度量始终是从某一个角度进行的,而财务柔性的构成是多角度的,因此单指标法不能全面地考虑整体财务柔性。正如 DeAngelo(2009)所说,应该同时结合多项财务指标(如现金持有量和财务杠杆等)判断企业财务柔性的大小。我国学者马春爱(2009)以及曾爱民等(2011)都曾采用此种方法从现金持有量和资产负债率等两个角度对财务柔性进行度量。曾爱民(2011)采用的财务柔性测量方法是用数量维度来考察财务柔性。根据 DD 的财务柔性理论,企业的财务柔性主要包括现金柔性、负债融资柔性和权益融资柔性。当企业具有融资方式自由选择权时,即在没有股权融资资格管制的制度环境中,财务柔性的数量维度按照下式测度:

$$财务柔性 = 现金柔性 + 负债柔性 + 权益柔性$$

但是,由于我国特殊的制度背景,企业股权再融资的资格以及时间等会受到证监会非常严格的管理和制约,因此,企业很少有选择权去决定什么时候发行或发行多少数量的权益证券,导致很少企业拥有权益柔性。因此,财务柔性测度公式如下:

$$财务柔性 = 现金柔性 + 负债柔性$$

$$现金柔性 = 企业现金比率 - 行业现金比率$$

$$负债柔性 = Max(0,同行业的平均负债比率 - 企业的负债比率)$$

最后一种方法是多指标综合法。这种方法同时考虑反映企业财务柔性的多项财务指标,赋予不同权重算出一个综合指标来判断企业财务柔性的强弱。与前两种方法相比,这种方法可以考虑更全面,而且计算方法更具有科学性。但缺点是计算起来比较复杂,而且将财务柔性的影响因素复杂化了。奥兹坎等(2008)就曾经采用 KZ 指数对财务柔性进行衡量,将公司划分为高柔性组和低柔性组。我国学者韩鹏(2010)、马春爱(2011)等人也都曾经通过选取不同指标构建财务柔性指数(FFI)来测量财务柔性。他们认为,财务柔性的高低由企业现金流成本的高低所决定。根据已有研究文献的观点,我国上市公司能够以低成本使现金流流入的能力的影响因素主要有以下几个方面:现金流的基本来源、现金流的潜在来源以及融资的成本。马春爱(2011)根据上述三个因素设计了企业财务柔性的测度指标体系。表 2-1 较为详细准确地说明了企业财务柔性的测度方法的指标体系。

表 2-1 财务柔性测度指标体系表

目标	影响因素	一级指标	二级指标	计算公式	指标性质	弹性类型
财务柔性	现金流基本来源	现金储量	现金持有量	（现金＋交易性金融资产）/平均总资产	正	资产配置性弹性
	现金流潜在来源	再融资能力	积累性权益融资能力	经营活动现金净流量增量/平均总资产	正	积累性弹性
			未使用举债能力	1－资产负债率	正	资本结构配置性弹性
			投入性权益融资能力	根据最近 3 个会计年度加权平均分别赋值 1,0.6,0.3	正	投入性弹性

2.2.3 财务柔性的功能

国外很多学者的研究结果证明公司持有的财务柔性储备,会在很多方面对公司的经营策略产生影响。例如:在支付决策方面,贾甘纳坦(Jagannathan,2000)的研究结果表明,当公司需要表现出较强的现金流释放性时,公司就会增加短时间的额外现金流需求,那么公司就会选择回购股票而不通过发放股利的方式刺激股票的销售,进而增加公司的财务柔性储备。利(Lie,2005)从经理人员在支付方式选择的研究视角出发展开研究,发现支付方式的选择是企业持有的现金柔性和负债柔性决定的。企业选择增加对外支付的情况有两种:一种情况是企业的现金持有水平比较高而且债务水平比较低的时候;另一种情况是企业购买固定资产、无形资产的支出比较少而且成长机会比较小的时候。企业选择的支付方式具体可以包括发放股息、发放额外的红利以及回收购买股东的股票。Mura 和 Marchica(2007)的研究发现,停止向股东发放股利是企业持有财务柔性的一个方式,储备的财务柔性可以使企业投资未来净收益为正的投资项目。奥代德(Oded,2008)的研究结果表明,财务柔性是促使企业给股东发放股利的决定性因素,股利支付政策的重点是在不释放企业财务柔性的条件下储备现金柔性和负债柔性。在融资决策方面,斯塔尔茨(Stultz,1990)研究发现债务水平取决于财务柔性和限制现金流浪费两个需求之间的平衡。格雷厄姆和哈维(2001)的研究在一定程度上支持了这个观点,他们研究发现影响企业债务决策的最重要的因素是管理层渴望保持财务柔性。Linfstrom 和 Hesjm(2004)的实证研究分析了财务柔性和企业投融资决策两者之间的关系。结果表明,财务柔性的持有与否影响企业的投资和融资决策,主要表现为持有财务柔性的成本决定了企业的投融资决策,而企业的盈利能力决定了企业持有财务柔性的成本。

国内学者也对企业财务柔性储备的功能进行了研究。周婷婷(2009)认为,企业持有财务柔性主要有以下几个方面的作用:一是从战略管理的视角进行分析,储备财务柔性可以帮助企业扩大市场份额,增加市场竞争力;二是从投资政策的视角进行分析,储备财务柔性可以帮助企业掌握未来有利的投资机遇;三是从企业经营管理的视角进行分析,储备财务柔性是企业实施柔性政策的重要内容,可以帮助企业增强治理水平,实现从管理职能向财务职能的转变。周心春(2013)认为财务柔性是企业尚未完全开发利用的重要资源,对公司价值的提升发挥重要作用。财务柔性对企业发展的作用具体包括以下几个方面:一是可以帮助企业增强投资效率,使企业更好地把握有价值的投资项目;二是可以帮助企业预防不利的冲击,降低环境不确定性给企业带来的风险;三是可以帮助企业提升市场竞争力,增加公司价值。总而言之,企业保持财务柔性能够有力地促进公司价值的提升。

2.3　内外部治理机制与财务柔性之间的关系研究综述

公司内外部治理机制对财务柔性的影响,可以从现金柔性和负债柔性两个方面考虑。而在我国社会主义的制度背景下,上市公司的股权再融资资格以及时间等都会受到证监会的管制。因此,企业很少通过股权融资获得财务柔性。企业保持财务柔性的动机主要分为三种:交易性动机、预防性动机和投机性动机。财务柔性在整个财务管理系统中表现为一种综合调控能力。邓明然(2004)的研究认为上市公司的财务柔性持有应该包括筹资、投资、营运资金管理和利润分配四方面柔性因素的考虑。其中筹资柔性包括筹资渠道和筹资方式等方面的柔性;投资柔性包括投资方案选择和投资实施计划等方面的柔性。赵湘莲和韩玉启(2005)的研究结论是上市公司的财务柔性持有是和公司执行的刚性财务制度相对应的,是快速地制定财务决策,并适时且经济地处理财务活动中不确定性的能力。赵华和张鼎祖(2010)研究表明财务柔性是适应环境动态变化、优化财务资源配置以及有效管理财务风险的财务系统综合能力。

在所有权和控制权不断分离的现代企业制度下,由于经理人员和企业股东追求的利益目标并不完全一致,企业储备财务柔性的行为可能会受到经理人员的机会主义行为干扰。经理人员储备财务柔性有以下几个动机。首先是经理人员属于风险规避者,出于规避风险的动机而储备财务柔性。经理人员越是风险厌恶型的,就会越倾向于持有高额资金。通过资本市场融资获取的资金,其使用条件受到很多规定的限制,这就制约了经理人员对企业资金的自由使用。其次,经理人员出于自己挪用资金便利的目的而希望公司持有高额的资金。对于那些外部融资成本较高且投资后更有利于经理人员自身利益最大化而非公司整体利益最大化的投资项目,如果公司内部存在可供经理人员使用的自由现金流,那么经理人员会有更强的动机追求自身利益最大化。最后,经理人员为了保障自身地位和既得利益得到巩固,他们会通过在职消费、盲目投资、提高对现金的控制权等方式维护自身利益不受损害。因此,他们更愿意在企业内部留存现金。

公司治理机制在经理人员决定财务柔性相关政策时发挥着重要作用。如果公司治理机制不够完善,缺乏对经理人员的监督,那么势必会导致现金管理混乱、现金流失以及公司价值损失等严重的后果。根据委托代理理论的观点,经理人员作为代理人接受股东的委托经营管理企业,他们有权力决定企业财务柔性持有的水平和流向,但是并不能享有储备财务柔性所带来的剩余收益。由于这种权利和收益的不平衡,使在追求个人利益最大化的经理人员产生通过过度投资或投资不足等非效率的投资手段来弥补自身利益的动机,这种动机无疑会损害股东们的利益并且使公司价值降低。股东在授予控制权的同时应该加强对经理人员的监督与管理,来减少委托人与代理人之间的利益冲突。因此,股东对经理人员的监督和管理会对公司储备财务柔性的行为和效果产生重要的影响。

2.3.1 内部治理机制与财务柔性之间的关系

内部治理机制对财务柔性的影响也可以从现金柔性和负债柔性两方面加以考虑。根据优序融资理论,企业在考虑财务柔性持有时,首先考虑现金持有柔性,学者对内部治理机制与财务柔性关系的研究,也多是从现金持有角度考虑的。

公司现金持有过多会引发代理问题。因为经理人员追求的目标与企业股东追求的目标有时并不趋于一致。由于道德风险和逆向选择的存在,经理人员趋于自身利益的获得和保护,导致高额的现金储备的代理成本。詹森(1986)提出了自由现金流量理论,现金持有代理成本的概念也因此被提出。根据自由现金流量理论的观点,企业持有高额现金可以使经理人员在进行投资活动时不必进行外部融资,也不必向资本市场披露关于企业投资项目的具体内容。这样的做法不但规避了来自企业外部市场和企业内部股东的监督和管理,而且还增加了经理人员自我处置的权力。因此,经理人员有动机持有高额现金来增加他能够控制的资产数量和从企业投资活动中获得的控制权力。除此之外,因为企业所有权和控制权两权分别由股东和经理人员所掌握,但是企业的股东与经理人员追求的目标并不完全一致,因此经理人员或许会更加关注自身的需求是否得到满足,例如增加自己的福利待遇、挪用企业的资金或为了规避政府机构和证券市场的监督而增加现金持有水平。

在国外的学者中,福克恩德(2002)选取美国的小企业作为研究样本,实证分析了这些企业持有现金的决定因素。结果表明,企业的现金持有水平和企业规模、控股股东的持股比例存在显著负相关的关系。但是,由于股权不断集中,企业通过持有现金的方式保留盈余的机会也在降低。Kusnadi(2003)利用新加坡的企业作为研究样本,结果表明,企业的现金持有水平与董事会规模呈正相关关系,但是和非经理人员的批量持股呈显著负相关关系。陈等(Chen和Mahajan,2005)利用1993年至2002年期间15个欧盟国家为样本数据,研究分析上市公司的现金持有水平和公司治理两者之间的关系。结果表明,债权人的权力与企业现金持有水平的关系比股东权力与企业现金持有水平的关系更加显著。罗等(Luo和Hachiya,2005)从股权结构的视角出发,实证分析了日本企业现金持有水平的影响因素。研究认为,金融机构持股比例、法人股比例以及外国人持股比例与现金持有水平之间存在显著的负相关关系;但是,企业内部人持股比例和现金持有水平两者存在非线性的关系。迪特马尔等(Dittmar和Mahrt Smith,2007)实证分析了公司治理与现金持有水平两者之间的关系,对所选样本利用对比分析的方法,分析公司治理程度不同的企业的现金持有水平。研究结果表明,公司治理对企业现金持有水平的影响并不是非常显著和持续一致的。

国内学者对内部治理机制与财务柔性之间的关系也给予了一定的关注。林秀玲(2004)以1993年至2002年期间的数据为研究样本,研究分析了我国上市公司的现金持有水平。研究结果表明,信息不对称的程度越严重和规模越大的企业,其现金持有水平就会越低;投资风险越大、企业的信用评价等级越高以及财务杠杆越高的企业,其现金持有水平也会越高。研究还发现,企业成长机会、内部控制人的持股比例与企业的现金持有水平的关系并不显著。张人骥和刘春江(2005)利用我国上市公司作为研究样本,研究分析了企业的股权性质、第一大股东的绝对持股比例以及第一大股东的相对持股比例三者对企业现金持有水平和股东权益保护程度的影响。结果表明,股东权益保护程度和企业现金持有水平两者之间呈负相关关系,即当股东权益保护程度比较弱的时候,企业的现金持有水平也比较高。胡国柳、刘宝劲等(2006)利用我国1998年至2002年期间的公司作为研究样本,实证分析了公司的股权结构如何影响公司的现金持有量。结果表明,公司的股权集中度越高、法人股比例越大,那么公司现金持有量就会越少;当公司的第一大股东持股比例越高的时候,公司现金持有量也会随之增加,但是两者的关系并没有那么明显;当公司的国有股比例增加的时候,公司的现金持有量会随之减少,两者的关系也不是特别显著。孙杰(2007)利用2003年至2005年期间我国企业作为研究样本,研究发现,公司治理机制中的董事会特征与企业现金持有水平之间的关系并不明显,因此可以说明董事会特征并不能很好地制止企业经理人员持有高额现金。金雪军和王利刚(2007)利用我国上市公司作为研究样本,研究分析了公司治理机制对现金持有水平的影响。研究结果表明,公司治理机制比较差,委托代理问题比较严重的企业,其现金持有水平就会越低。国内学者吴荷青(2009)利用我国1998年至2005年期间的在沪深两市上市的公司作为研究样本,以公司治理结构作为研究视角,分析决定公司现金持有水平的影响因素。结果表明,公司治理结构和企业现金持有量两者之间存在显著的相关性。这是因为公司治理结构的变量是通过企业的融资、投资等活动间接作用在企业的现金持有量上的,而不是直接影响企业的现金持有量的。

2.3.2 外部治理机制与财务柔性之间的关系

关于公司外部治理机制与财务柔性之间关系的研究,国内外学者主要是从外部资本市场制度背景、控制权市场发展程度等方面对公司现金持有和负债水平的影响等问题展开的。从企业外部资本市场的制度背景来看,针对企业股东权益的保护程度与现金持有水平之间的关系,很多专家学者都是建立在国际比较的基础上,以对中小股东权益的保护程度为出发点,研究分析股东权益保护程度对企业现金持有水平的影响。

Diaretal(2003)利用Global Vantage数据库中45个国家的上市公司作为研

究样本,研究结果表明,股东权益保护程度较差的国家,其企业的现金持有水平要比股东权益权利保护程度比较好的国家的公司的现金持有水平更高。除此以外,在股东权益保护程度差的国家,还存在影响企业现金持有水平的其他因素,例如投资机会、信息不对称等问题。Feira 和 Vilela(2003)利用欧盟国家的上市公司作为研究样本,结果表明,投资者权益保护程度比较好的国家,其企业现金持有水平较低。甘尼(2003)利用 1983 年至 2000 年期间日德法英四个国家的上市公司作为研究样本,结果表明,企业所处的制度背景和企业的股权结构对企业的现金持有水平影响很大,对于股东权益保护程度比较强的企业,其现金持有水平相对较低。费雷拉等(Ferreira 和 Vilela,2004)以债权人的法律保护程度和执法力度与企业现金持有水平之间的关系为研究视角,结果表明债权人的法律保护程度、执法力度和企业的现金持有水平之间存在正相关的关系。费雷拉等(2004)利用欧洲地区的上市公司作为研究样本,发现企业的投资者保护程度以及资本市场的完善程度与企业的现金持有水平呈负相关的关系。亚尼(Jani,2004)利用瑞士的企业作为研究样本,结果表明,股权比较集中、对中小投资者权益保护力度不够的企业明显持有高额的现金。Kalcheva 和 Lins(2006)选取 31 个国家的上市公司作为研究样本,结果发现,经理人员的控制权和现金持有量两者之间存在显著的相关关系。在国家保护股东权益程度比较差的情况下,各项公司治理机制和企业现金持有水平之间均存在显著的正相关关系。

一个国家的政府监管状况、市场发展程度、法律制度完善程度等公司治理的外部机制等因素也会对企业现金持有水平产生影响。根据上述研究分析可以得知,国外的专家学者们对企业现金持有水平的影响因素的探究无论是在深度上还是在广度上都正在不断拓宽,在理论和实证方法上也在不断创新。国内外的专家和学者们对企业现金持有水平影响因素的研究成果已经非常丰富且足够新颖,他们将研究视角从企业财务指标不断拓展到公司治理的指标上,从微观的公司层面的特征扩展到宏观的区域、国家层面的法律制度等特征上,为以后学者们的研究拓宽了研究思路,提供了理论基础。

2.4 财务柔性与公司价值之间关系的研究综述

在竞争异常激烈的市场环境中,公司为了生存和发展,会以追求公司价值最大化为目标进行多元化生产经营活动。公司价值最直接地反映了经营成果，是经营效果和效率的主要表现形式，也体现了公司持有资金的时间价值、面临的风险以及未来潜在的能力。在资金不足和风险比较大的市场环境下，公司应该怎样选择科学、有效的财务政策，增强预防环境不确定性带来的风险的能力并实现健康发展已经成为公司发展中需要关注的头等问题。

持有财务柔性是公司制定投融资决策时需要考虑的重要因素之一，公司如果遭遇环境中不确定性带来的变化，储备的财务柔性，可以缓解其外部融资约束的困难，不但可以降低不利冲击给公司内部财务资源带来的紧张压力，而且可以帮助公司抓住有利的投资机会，实现公司价值的提高。所以说财务柔性持有作为公司尚未完全利用的一项财务资源，包含外部市场可利用的剩余举债能力和内部资金储备，是潜在的企业可利用的自身价值资源，对这部分资源的开发和利用可以帮助企业抓住未来投资机会和预防不利冲击，促进公司价值不断增加。

迪特马尔等（2005）的研究发现，企业所持有的现金资产的价值是公司价值的重要组成部分。传统理论的观点认为因为市场交易中会存在交易成本与融资约束，企业从外部融资的成本相对较高，企业储备的现金能够减少企业从外部获取资金的融资成本，实现追求公司价值最大化的目标，也就是说企业储备现金的价值对于股东来说可以超过其账面价值。由于未来成长机会比较高的企业信息不对称问题比较严重或者说投资不足的成本较高，因此其储备的现金的价值也比较高。

马春爱、张亚芳（2011）对我国上市公司财务柔性如何影响公司价值进行实证研究。结果表明：在低水平和中等水平持有财务柔性的企业中，财务柔性与公司价值的关系在5%水平下显著；高水平持有财务柔性的企业中，财务柔性与公司价值的关系不大显著。研究进一步对存在的因果关系进行回归分析，发现财务柔性与公司价值之间存在非线性关系，通过线性转换和OLS检验，得出财务柔性对公司价值有较明显的促进作用。周心春（2013）对财务柔性与公司价值的关系进行实证检验。研究发现：财务柔性与公司价值两者之间呈倒"U"形的关系。企业持有财务柔性应该遵循适度性的原则。成长性良好的企业，应储备一定的财务柔性。李少华（2013）对财务柔性与公司价值的关系也进行了实证研究。结果发现：无论是以现金持有量，还是以剩余负债能力或流动负债比例为指标衡量财务柔性，其与公司价值都在1%的水平呈显著正相关关系，说明财务柔性对公司价值具有积极的影响作用,企业储备的财务柔性越多,公司价值也就越大。从以上研究可以看出,上市公司可以通过适当增加现金持有量、降低资产负债率或流动负债比例来储备企业的财务柔性,从而应对未来不利冲击和把握有利的投资机会,降低企业陷入财务困境的风险,并进而提高公司价值。

2.4.1 财务柔性与预防不利冲击

有效检验上市公司的财务柔性持有应对不利冲击的能力,需要选择一个重大的、可观测的对广大上市公司产生冲击的事件为背景进行考虑;同时为了便于对我国资本市场展开研究,这种冲击事件还应该对我国上市公司也具有普遍性的影响。例如:1997 年发生的亚洲金融危机和 2007 年由美国次贷危机导致的全球金融危机等。

国外学者阿尔斯兰(Arslan,2012)等就以 1994—2009 年为研究区间,分别考察亚洲金融危机和美国次贷危机中上市公司的财务表现,研究发现持有财务柔性的上市公司无论是在亚洲金融危机中还是在次贷危机前,在危机中相对于不持有财务柔性的上市公司都取得了更好的业绩。而且与次贷危机相比,财务柔性持有在帮助上市公司对抗亚洲金融危机中的作用更大。

国内学者也利用金融危机的大背景,做了关于上市公司财务柔性持有方面的研究。万良勇和孙丽华(2010)借鉴赵蒲和孙爱英(2004)的界定方法,将金融危机前三年现金持有比率均处于前 20% 之列的企业定义为持续性持有高额现金的企业,其他的企业则定义为暂时性持有高额现金的企业。研究表明,持续性持有高额现金的企业在金融危机时期绩效下滑的程度相对于其他企业要低,而暂时性持有高额现金的企业则没有显著的绩效优势。曾爱民等(2011)选取 2007 年由美国次贷危机引起的全球经济危机为背景,研究分析经济危机前选择不同层次的财务柔性持有的企业在经济危机爆发时期的投融资决策活动的表现。结果表明:高负债柔性的企业在经济危机中可以通过企业剩余举债能力的方式筹集到所需的资金,并且能够更好地利用负债资金为其投资项目提供所需的资金。持有高额现金柔性的企业,在经济危机期间能够有效地利用企业已持有的现金来满足其投资项目的需求。同时持有高负债柔性和高现金柔性的企业,能够在经济危机中利用增加负债和调用现金储备两种方式同时为其投资项目提供资金。所以当企业遭遇意外重大不利冲击而面临现金流短缺时,企业事前储备的财务柔性能较好地为其有价值的投资项目提供所需资金。

2.4.2 财务柔性与投资行为关系

上市公司储备财务柔性的另一个主要原因是及时把握投资机会。国外学者对于财务柔性与投资行为关系研究的主要观点如表2-2所示。

表2-2 国外学者对于财务柔性与投资行为关系研究的主要观点

学者	年代	主要研究观点
Bulan & Subramanian	2008	理论模型证明上市公司可以利用储备的财务柔性及时进行有价值项目的投资
Denis & Sibilkov	2010	进一步证明了上述观点并提供了进一步支持数据
Marchica & Mura	2010	选择24个月、36个月和60个月为时间窗口研究上市公司储备财务柔性的长期效应,研究显示随着时间的推移,高财务柔性持有公司的投资效益不断被提高

国内学者也对上市公司的财务柔性持有与把握投资机会的关系进行了研究,主要观点如表2-3所示。

表2-3 国内学者对于财务柔性与投资行为关系研究的主要观点

学者	年代	主要研究观点
朱武祥等	2002	预留有负债空间和现金储备的上市公司在经营中经常会通过发起价格战和营销战的手段去扩大市场占有率提高公司业绩,例如燕京啤酒的营销策略
顾乃康等	2011	通过研究上市公司的财务柔性持有与投资行为的关系发现公司的投资活动受财务柔性的影响,甚至财务柔性的储备量直接影响投资项目的规模
马春爱	2011	从财务柔性视角研究了企业的非效率投资行为,发现对于高财务柔性持有的企业而言,财务柔性在扩大投资支出的同时也更容易造成过度投资行为

学者	年代	主要研究观点
张会丽和吴有红	2012	验证了超额现金持有的战略效应,上市公司持有更多的现金能够保证研发投入的持续性以及后续的投资能力,有助于增强产品的市场竞争优势
曾爱民等	2013	研究发现高财务柔性持有的上市公司还有能力增加金融危机时期的投资支出,而这些投资支出改善了随后两年的公司业绩

国内外学者的研究进一步证明了上市公司的财务柔性持有直接影响投资行为的发生。

2.4.3 财务柔性的价值效应

关于财务柔性持有的研究证明上市公司可以通过自身现金储备和财务杠杆调整的方式以一个较低的融资成本来获取所需资金。持有财务柔性的上市公司能够在面临经济危机或者经济环境不景气的时候,避免因资金短缺而导致企业陷入财务困境,同时可以在预期收益为正的投资项目出现时通过较低的成本获取现金来进行投资。所以,在资本市场不完善的环境下,储备财务柔性是具有战略价值的。甘巴和川蒂斯(2005)研究发现在投资弹性偏低时,财务柔性对公司价值的影响十分明显。福克恩德(2006)根据企业的财务特征对企业储备的现金的价值进行了分析。结果表明,企业储备现金的边际价值随着企业现金持有水平的增加而减少,随着负债比率的增加而降低,但是随着企业融资约束的增大而增加。Mura 和 Marchica(2007)的研究结果表明,财务柔性对企业扩大规模的作用是非常有效的,而且当企业的资产负债比率比较低的时候,企业可以进行更大规模的资本扩张。阿尔斯兰等(2008)对经济危机前和经济危机期间东亚五个国家的企业的财务柔性及其作用进行研究分析,结果表明,当金融经济危机来临的时候,现金持有水平较高和财务杠杆较低的企业不仅更容易摆脱经营困境,并且可以利用自身的优势在投资机会出现时获得更大的主动性。因此,财务柔性储备多的企业和财务柔性储备低的企业相比,前者的公司价值会更高一些。但是,那些成长机会较小的成熟企业,财务柔性的储备情况对公司价值的影响并不显著,而那些成长机会比较大的增长型企业,财务柔性的储备情况对公司价值的影响则更加显著。

当面临新环境不确定性带来增长机会的时候,持有财务柔性的企业通常会更容易从企业外部的市场中融资并实施企业规模的扩大战略,其目的是规避企业在经济环境出现衰退时带来的消极影响。企业储备适量的财务柔性,从数量上看是为了提高企业财务资源的持有水平,但是从质量上来说是为了增加企业的投资效率。因此企业在利用财务柔性达到企业规模扩大、公司价值增大以及股东财富增加的同时,还可以规避宣布破产的风险,为企业的健康、长远发展奠定坚实的基础。财务柔性不仅可以对企业的收益发挥作用,而且还可以对企业未来现金流量以及企业风险的评估发挥作用。作为企业在资本市场的核心竞争力,财务柔性是企业实施风险管理的措施,具有极其重要的战略价值。

2.5　内外部治理机制对财务柔性价值效应影响的研究综述

财务柔性理论作为研究资本结构理论的一个新的分支和延伸,近些年引起了国内外专家学者的广泛关注。企业的投融资决策以及股利分配决策与财务柔性的联系十分密切。企业是否持有财务柔性以及财务柔性持有水平的高低既是企业经理人员、股东、债权人以及其他利益相关者出于不同追求目标相互博弈的结果,也是制度环境、政府监管以及市场化进程等各个外部治理机制相互影响的结果。因为我国的资本市场是不完善的,为了把握住有利的投资项目以及规避潜在的风险,企业应该持有适量的财务柔性。企业的内外部公司治理机制也会对财务柔性的持有行为产生影响,并最终会影响到公司价值。

Kusanadi(2005)选取 1999 年新加坡 230 家上市公司作为研究样本,研究结果表明,董事会规模较大、内部人控制比较严重、非经理层大股东所有权比较低的企业会有更为严重的代理问题,这些企业的现金持有水平较高,但是公司价值却较低。迪特马尔等(2007)以公司治理为研究视角,研究其对公司现金持有水平与公司价值之间关系的影响。研究结果表明,公司治理机制不完善的企业往往持有现金的市场价值相对较低。这可能是因为内外部治理机制的失效造成企业大量的闲置现金资源浪费,因此不能增加公司价值。国内的研究结果也与此类似,张佳(2010)的研究结果表明,不同公司治理水平下,企业持有的现金市场价值存在显著不同。相比公司治理比较差的企业,公司治理好的企业持有现金的市场价值更高一些。当公司的内外部治理机制良好的时候,现金持有水平较高可能不会使公司价值受到影响。当公司治理机制不完善的时候,由于对经理人员的监督和管理不到位,使得企业持有的现金资源得不到有效利用,导致公司价值降低。

2.6 本章小结

本章主要梳理了国内外有关内外部治理机制、财务柔性和公司价值以及三者之间关系的研究文献。在对公司治理机制分析的实证研究中,选取了若干公司治理机制的特征变量,来研究分析公司治理机制是否影响企业财务柔性持有行为以及怎样影响财务柔性与公司价值之间的相关性。内部治理机制因素主要包括所有权性质、第一大股东持股比例、股权集中度、是否交叉上市、独立董事比例、董事长与总经理两权分离程度以及董事会规模等。外部治理机制因素主要包括政府干预程度、法治水平等反映市场化水平的因素。已有文献对内外部治理机制与公司现金持有或债务水平之间的关系提供了一些证据。

对于财务柔性方面,从财务柔性的来源、财务柔性的测度和财务柔性的功能来研究分析。对于如何确切地获取和保持财务柔性,无论国际抑或国内,尚无文献进行全面和系统的研究。早先的研究重点关注企业资本结构和现金持有政策,分别研究企业如何通过这两种政策保持财务柔性,以便为意外投资机遇提供资金保障或者为减轻意外冲击带来的损失提供资金支持。最近,国内外学者也开始研究分析企业如何通过综合多种财务政策的方式来获得和持有财务柔性。

最后本部分在对国内外已有关于财务柔性在预防不利动机和把握投资机会的文献进行了梳理之后,又着重回顾了公司内外部治理机制在公司储备的财务柔性与公司价值之间关系的相关文献。

3

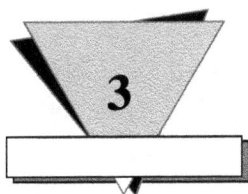

制度背景分析

公司内外部治理结构的建设和公司财务政策的制定与完善,既是公司长远健康发展的需要,也是体现公司制度背景的建设要求。中国上市公司的治理结构和财务结构的发展变化,在借鉴发达国家上市公司治理经验的同时,也体现了我国社会主义国家上市公司特殊制度背景的特点。

1975年,经济学家威廉姆森首先提出公司治理的概念。20世纪80年代后期,公司治理问题在西方学术界流行起来。20世纪90年代,公司治理在我国开始流行。19世纪末至20世纪初,企业所有权和控制权开始分离;自20世纪30年代到20世纪60年代,企业的所有权与控制权由不彻底的分离到彻底分离。由于两权的彻底分离,委托代理关系和代理问题表现得十分突出。随着现代企业制度的不断完善,人们开始认识到,在某种程度上公司治理比公司管理更加重要。

公司治理的重要性在我国也得到体现。我国经济体制由计划经济转向市场经济,资本市场从最开始的无序到如今的蓬勃发展的过程,也体现了我国公司治理工作从开始、演进到发展的过程。1978年十一届三中全会以前,我国的企业大部分是国家控股的企业,国家控股企业治理的方式是集中统一的管理,趋于行政化管理。十一届三中全会以后,随着改革开放的全面展开,原有的企业制度得到改革,企业治理效率得到大大提高。改革开放30多年来,我国公司治理的形成与发展大致可以分四个阶段,如表3-1所示。

表3-1　我国公司治理的形成与发展过程

阶段	时间	特征
第一阶段	1978—1983年	以向企业放权让利为特征
第二阶段	1984—1992年	国有企业的利润上缴分配形式转变为利税分流
第三阶段	1993—2003年	以建立现代企业制度为核心的国有企业改革
第四阶段	2004年至今	以中国证监会为代表的政府监管部门推动了公司治理水平不断提高

3.1　内部治理机制分析

由于经济的发展越来越国际化、全球化,我国的经济也在逐步向市场经济体制转型。在这种宏观背景下,我国企业也同样应该进行更深层次的内部改革,逐步建立并完善现代企业制度,尤其是建立更好的治理机制。要想使我国的公司治理由"行政型治理"转变为"经济型治理",我们需要建立具有中国特色社会主义市场经济的现代企业制度。

在我国企业转型的过程中,人们逐渐认识到具有一套科学、规范和完善的公司治理机制是建立现代企业制度的核心竞争力。但是近年来,我国企业出现了一系列上市公司财务造假的丑闻案件,这说明我国的上市公司治理存在很大的漏洞。建立并完善公司内外部治理机制,可以推动我国上市公司制度的发展和完善。现阶段,我国企业还没有构建起合理、正确的内部公司治理机制,在公司治理的过程中依然存在很多问题,如股权结构不合理,股东大会、董事会、监事会和经理人员的职责落实不到位等。我们需要根据我国上市公司的发展和需要,在借鉴欧美等发达国家上市公司治理方法的基础上,探索出符合我国制度背景的公司治理机制,使公司治理问题能够得到有效解决。

根据我国《公司法》的规定,公司法人治理结构通过公司机构内部的分权制衡机制来完成。内部公司治理主要包括股东大会、董事会、监事会以及经理人员四个方面。作为所有权的主体,股东大会拥有企业最终控制权。它不仅是企业的最高权力机构,而且也是制订企业所有重大生产经营决策的机构。监事会和董事会是由股东大会通过投票选举的形式产生的。董事会是股东大会的执行机构,他们的职责是控制经营管理者来贯彻和实施股东大会所做的决策。监事会是公司内部代表所有股东和员工对董事会及经理人员进行监督的组织。股东大会、董事会、监事会和经理人员等各个组织机构之间在权利和义务的划分上体现了分权制衡的原则。

虽然我国企业在公司治理方面已经取得了一定的成效,但是目前我国依旧处于计划经济体制向市场经济体制转变的状态。我国早期大多数的上市公司是由国有企业转变而来,并且我国的证券市场还是一个新兴市场。种种迹象表明我国上市公司的治理机制还处于逐步健全和完善的过程中,所以我国上市公司的内部治理机制仍然存在很多需要加强和改进的地方。

3.1.1 股权结构分析

目前,国内外一部分学者主要以股权结构作为着眼点对公司内部治理机制展开研究。作为公司治理的主要内容之一,股权结构决定了股东持股比例、股权集中度,从而导致股东行使权利的效果和方式有所区别。证券交易所和机构投资者都认为,分割的股本结构对中小股东更不利。当公司股份极为分散时,单个股东的作用是有限的,小股东因此没有足够的动力去监督经理人员,这是导致"内部人控制"现象发生的根本原因。

公司治理问题在我国企业中非常普遍,这可能和我国企业特有的股权结构密切相关。我国企业的股权结构是一种以国有股为主体的封闭式的股权结构,它有两个显著的特点:首先是股权主要掌握在国家手中,国家是控股股东;其次是股权结构具有封闭性,国有股不能上市流通,很难在资本市场上通过国有股的转让实现国有资产的重组。

(1)所有权性质。我国上市公司的股东结构主要由国家股、法人股和公众股所组成。我国企业类型主要包括国有控股型和内部法人控股型。国有控股股东和内部法人控股股东对我国企业的投融资决策活动产生的影响最重要。但是,自1992年改革制度更加深入之后,国有控股型企业的数量正在逐年减少,而内部法人控股型企业的数量却逐年增多。内部法人股控制型企业数量不断增加的现象,反映了我国企业内部人控制的现象越来越严重。

国家股是指有权代表国家行使资产管理权的各级财政部门、国资部门、国有法人企业、国有上市公司、资产管理部门等政府机构或者组织,将国家持有的资产作为投资资本的方式投入企业然后产生的股份。虽然国家是国有控股型企业的控股股东,然而企业还存在其他很多的中小投资者们。与其他的股东相比较,国家股东的目标除了追求经济利益以外,他们还要关注国家的社会利益和政治利益。除此之外,持有国家股的股东还有亟待解决的委托代理问题。由于国有控股股东的"所有者缺位",导致所有权的职能已经减弱到非常严重的程度。国有企业和其他民营企业相比,非常容易被国有控股股东的经理人员掌控,以此来获取自已利益的最大化。因此,其他的股东由于国有股股东的背景和国家持股比例较高,很难形成有效的监督和制衡。国有企业的实际控制权归政府所有,在这样的企业组织中,政府官员是国有企业的实际控制人,国有企业资源的配置权等都几乎掌握在他们的手中,在此环境之下,就很容易在其中造成高昂的代理成本,造成成本和收益的严重不匹配。

已有研究文献表明,由于我国上市公司的控股股东所有权性质的差异,企业的生产经营方式、公司治理机制发挥的作用以及公司存续的真实目的都会有所差异。如果企业的控股股东不是国家股控股,那么它们的经营绩效就会更高,它们的盈利能力也会更强。在企业生产经营方面能更收放自如,公司治理发挥的作用也就会更加显著,企业的经理人员也会得到更多的来源于企业内部和外部的约束和管理。

目前,我国投资者保护程度较低,而且在公司治理水平普遍较差的制度环境下,我国上市公司中存在严重的大股东损害中小股东利益、经理人员损害所有者利益的双重代理问题。国有上市公司因为"所有者缺位"而导致的监管不力更容易导致管理者为了私人利益进行不利的投资决策,背离公司价值最大化的目标。在这种情况下,财务政策的价值就有所降低,因为它不能够给公司创造多少价值,而是为管理者自身的利益服务。但是,对于非国有上市公司来说,资金是一种相对"稀缺"的资源,它们没有国有上市公司举债时的便利条件和优势。因此,非国有企业更需要储备财务柔性来把握投资机会和预防不利冲击。

大量的实证研究表明,所有权性质的不同对上市公司的现金持有政策和财务杠杆都有显著的影响。相对于非国有企业,国有企业的融资约束程度比较小,政府扶持力度较大,银行等金融机构对其贷款融资条件相对宽松,它们更容易筹集大额资金来满足其投资需求,对财务柔性的需求则不太强烈。由于国有上市公司债务融资的非理性和政治性特征,便利的融资环境使得其为提高资产流动性而持有现金的动机较弱,而且持有现金的价值也有所降低。此外,国有上市公司的资产负债率通常比较高,而且长期债务所占的比重明显高于非国有上市公司。

(2)第一大股东持股比例。在持股比例比较集中甚至是特别集中的企业中,第一大股东和其他中小股东的利益冲突问题在委托代理问题中表现得最为突出。大股东凭借其高比例的控股优势,可以对董事会以及经理人员进行指派和管理,通过控股权做出损害企业利益行为的生产经营决策,将企业的公共利益据为己有,导致其他股东的利益受到损害。我国上市公司存在的一个显著特点就是第一大股东持股比例较高,因此出现了"内部人控制"的现象。内部人控制主要表现为企业不仅没有得到企业内部股东有效的控制,而且也没有得到企业外部资本市场以及政府部门的有效监督,因此产生了企业的经理人员成为企业真正的控制人的问题。特别是在法律不健全或者其他相关机制约束力不足的情况下,必然会发生大股东损害中小股东利益的现象。就我国目前的现状得知,企业控股投资者损害其他中小投资者利益的公司治理问题非常普遍。控股投资者通过各种方式损害企业的利益,主要包括私吞企业融资所得资金,私自挪用企业的资金;企业年底不给投资者支付股利;第一大股东和企业发生妨碍企业自身发展的关联性业务等。

股东大会制度指企业的所有投资者对关乎企业生存与发展的重大生产经营决策(包括投资决策、利润分配决策以及企业并购决策等)进行投票表决的一项规定。对企业重大经营活动进行投票,股东大会是以少数服从多数为原则进行的。企业股东所持有的股票数量决定他们投票权的大小。如果股东之间存在利益冲突,那么持有企业更多股票的投资者就比其他中小投资者更占上风。股东大会的表决结果保护的是持股比例较高的投资者的权益,而不是企业所有投资者的权益。当少数投资者的持股比例比较大的时候,企业的少数投资者就拥有了企业的控制权,所以股东大会的表决结果表现的是大股东而不是小股东的意愿。因此,在企业所有权集中的情况下,股东大会制度实质上是大股东实施的监督和管理的制度。

由于我国特殊的制度背景,企业的大股东不能理性地为企业的整体利益着想。具体原因有以下几个方面:首先,国有控股股东的"经济人"身份通常是非理性的。其次,我国企业所有权的代理人不能有效发挥其职能作用,使得企业由第一大股东以及经理人员控制。再次,国家持有的股份不能灵活流通的特点和企业的中小投资者经常"搭便车"的现象,使得企业内部治理机制不能发挥作用。最后,我国上市公司相关监管机制和法制仍在不断完善的过程中。

由于董事会、监事会和经理人员的决策是非常不容易依据所有投资者的意愿去执行的,所以,在企业的所有财务管理活动中,比如在现金持有量、股利分配决策以及财务杠杆等决策的问题上,他们首先会考虑控股投资者们的权益。控股大股东有足够的动机和权力来提高他们所控制的企业资金的数量,去投资风险比较大、将来会给企业带来高额利润的投资项目,但是企业其他中小股东却得不到这些投资收益。企业持有财务柔性既加强了第一大股东的现金流控制权,又使第一大股东躲开来自企业外部资本市场以及政府部门的约束和管理。其次,第一大股东持股比例较高与"内部人控制"有很大关系。第一大股东持股比例较高的上市公司,内部人控制企业的现象非常普遍。根据委托代理理论,内部人会出于个人利益的考虑,用尽所有办法来增加他们所能控制的自由现金流量,通过增加他们能够掌握的企业资源来预防不确定的环境或者制度对自己有利却损害其他利益相关者的决策。由于企业的第一大股东没有得到企业内部和外部有效的约束和管理,从而有可能使企业的收益受损。

由于第一大股东持股比例较高,这将会对上市公司的财务柔性持有行为产生一定的影响。依据传统的财务理论研究分析,在企业做现金持有决策的时候,企业的经理人员会以实现公司价值最大化为目标,储备一定量的资金来支付企业日常生产经营活动和其他决策的需求即可。但是,这个理论的前提假设是建立在管理者行为以公司价值最大化的基础上。实际上,企业的经理人员往往不会将全部股东利益最大化视为他们需要实现的目标。如果企业第一大股东持股比例比较高的话,特别是在国有大股东绝对或相对控股的情况下,由于第一大股东关注的是个人利益最大化,把企业当成实现自身利益最大化的工具,因此与企业整体的追求目标不一致,有时甚至会侵害中小股东的利益。

(3)股权集中度。股权集中这种现象在我国上市公司中一直是一个非常严重的问题。股权集中度是依据各个股东的持股数占总股数比例来划分的。从委托代理理论的视角分析,在股权相对比较集中的企业,控股股东与其他中小股东追求的目标是不一致的,他们之间对自身利益追求的目标是有所冲突的,对于大股东而言,他们可能会利用自身的控制权优势来做出一些机会主义行为。由于控股股东拥有足够的权力和机会去增加他们所掌握的自由现金流,有可能会损害企业中小股东的权益。就这种情况而言,我们有理由相信股权集中度比较高的企业比流通性较强的企业有更大的动机增加现金持有水平。由于委托人和代理人尤为突出的代理问题,这可能也是我国资本市场进行股权分置改革的主要原因之一。

已有研究也发现随着股权的逐步集中,大股东们对公司的支持会更强烈。股权相对比较集中的企业,大股东们对企业的控制权就会更大。除此之外,由于企业大股东的持股比例越来越高,他们控制企业资源的边际成本也会越来越高,这在一定程度上降低了控股股东追求自身利益最大化的动机。由于我国很多上市公司的前身是国有企业,国家股在企业总股本中占绝对优势。相关研究已表明,我国上市公司的股利政策和资本结构与投资机会均呈负相关关系,与股权集中度正相关,公司对高管的现金补偿与投资机会正相关,与股权集中度负相关。

3.1.2　董事会结构分析

1993 年颁布的《中华人民共和国公司法》(以下简称《公司法》)中确立了我国上市公司的董事会制度及监事会制度,其中明确规定我国上市公司需要设立股东大会、董事会和监事会。我国公司在借鉴发达国家的经验的基础上,董事会制度得到完善和发展,并且不断构建了独立董事制度和专业委员会制度,这也为董事会的独立性和机制的有效运作建立了基础。与此同时,董事会的选择、议事、责任追究等机制的建立,也从制度上为董事会履行战略指导职责、有效监督管理层、保护公司和股东的利益提供了保障。2005年10月28日修改后的《公司法》,进一步规定了公司治理相关规范,这样修改的好处在于更加健全了股东大会、董事会和监事会召开以及议事程序的具体规定,完善了股东大会制度以及董事会制度,加强了监事会的监督机制,细化了监事会具体的职权、职能,对公司董事成员和经理人员履行企业的忠实义务、勤勉义务和没有履行义务应该承担的责任做出了更加详细和清晰的规定。

(1)董事会规模。因为所有权与控制权两权的逐渐分离,我国企业的委托代理现象也变得非常普遍。管理层的激励机制是通过与利益相关联的手段来规避所有者和控制者两者的利益冲突,局部地缓解了上市公司的委托代理问题。然而,激励机制不是对所有的经理人员都能发挥效用。我国上市公司基本都是通过股东大会制度下投票选举的董事会和监事会来对经理人员实施监督和管理的。

股东大会制度包括董事会制度、监事会制度以及独立董事制度等。董事会制度是其非常重要的内容之一。由于上市公司持续生产经营的特征,股东大会表决不能做出企业所有的经营决策,上市公司的董事会制度就因此被制定出来。代表企业全部股东的董事会成员决定了企业的相关投融资决策,然后对经理人员进行监督和约束。大部分国家的法律法规基本都有如下的要求:上市公司的董事会成员是根据股东大会投票结果而定的。在所有权相对比较集中的企业,代表控股股东利益的董事会成员比较多,掌握企业绝大多数的决策权,所以董事会是由企业控股股东控制的。

在所有权结构比较分散的公司董事会下,中小股东的权益会得到更好的保护。由于企业的所有权比较分散,因此企业持股股东的人数比较多,较高的沟通成本限制了中小股东利用谈判的手段对管理人员的约束和管理行为。所以,企业的中小股东能够通过投票表决的方法决定代表自己权益的成员,然后通过董事会对管理人员实施监督和约束。和企业其他的中小股东的数量比较,企业的董事会成员的数量要少得多,利用成员们对管理人员进行约束和管理的成本就会减少,发挥约束和管理作用的效果也会相应地随之增强。在所有权比较分散的企业,由于管理层掌握的经营权比较大,所以委托代理成本比所有权集中下的委托代理成本高。企业的中小投资者可以利用董事会制度来约束和管理经理人员，从而在其余大股东之间的委托代理关系中使得代理成本最小化，只有这样的董事会结构才能够充分地发挥出其应有的公司治理机制的效果。

同企业的发展规模一样，董事会也需要合理有效的规模。董事会规模的大小会直接决定公司内部治理的效率，进而间接地影响到公司的生产经营决策。如果企业的经营方式比较多元化，一般都会有较大规模的董事会，这就决定了董事会成员中必须有了解和掌握各种业务的精英。由于企业的发展规模越来越大，成员们所掌握的知识不能满足企业发展的需要，所以企业需要扩充董事会的成员，董事会的规模也会相应越来越大。除此之外，随着企业的规模越来越大，企业的利益相关者的数量也会越来越多。他们会考虑到自身权益是否得到保障，因此会向企业派出代表自己权益的董事会成员。银行贷款给企业，是企业的债权人，为了使企业能够到期付款，当企业的贷款达到一定数量的时候，银行就会向企业派出代表自己权益的成员。银行派出的代表是不喜欢风险的，他们往往不会支持企业投资风险比较高的决策活动。代表银行的董事的加入不仅使董事会的规模变大，而且还使企业的投资风险降低了，因此也可能会减少企业的收益。

董事会规模也并非越大越好，董事会的规模较大存在的问题主要表现在以下两个方面。

首先，董事会成员相互之间的协调沟通能力。由于董事会规模扩大以后，他们之间协调沟通的成本就会随之变大，所以，董事会成员对企业经营决策达成共识的可能性就会降低，内部公司治理的效率就会降低。如果董事会成员的意见经常不能够达成一致，那么公司就有可能会错失有利的投资机遇。

其次，董事会规模的大小同样也会决定其对经理人员约束和管理的效果。董事会成员增加以后，责任心不强的成员就会选择"搭便车"的行为。当管理人员不为大多数股东利益考虑的时候，有的成员或许就会选择保持沉默的方式，并没有对管理人员自利的行为进行及时的批评和指正，他们希望其他的董事成员能够出来阻止管理人员的机会主义行为。所以，董事会规模如果比较大就会产生监督和管理经理人员的工作效率下降的问题。

一个有效的董事会规模需要和企业的经济规模以及生长周期相一致，无论董事会规模过大或者过小，其结果都会降低内部公司治理效率。因此，我国证监会根据《公司法》和其他有关规定制定的适合所有境内上市公司的《上市公司章程指引》中对我国上市公司的董事会规模规定如表3-2所示。

表3-2　关于董事会规模的规定

项目	公司法规定		
	国有独资公司	有限责任公司	股份有限公司
董事会规模	3~9人	3~13人	5~19人

(2)董事长与总经理两权分离。我国上市公司很好地对董事长职务与总经理职务的人员进行了安排,两权分离程度较高。这样可以在一定程度上避免"内部人控制"等现象的出现,促使经营者更好地为企业整体的价值提高工作效率。通过两权的分离,企业就可以更好地聚集资本,扩大规模。两权分离最大的优点是可以使资源与经营管理人员达到最优的组合,使工作效率达到最高,使企业的竞争状态处于最佳状态。同时,使资源得到充分利用与合理的配置,加速了我国市场经济的发展。

但是,在两权分离的情况下,企业董事会和经营者会存在以下几个方面的冲突。首先,企业所有者与经营管理者的利益通常是不一致的,其可能会背离股东意志而行事。其次,董事会与经营管理者之间也存在着信息不对称的问题。最后,董事会与经营管理者对于企业经营结果所负的责任也是不对等的。这些问题的存在,导致企业经营管理者不一定以公司价值最大化为目标,使代理成本增加。

我国两权分离制度仍有需要继续完善之处,职业经理人市场建设还不完善,这将导致不能对经营管理人员实施外部的有效监督。因此,我国需要建立和完善两权分离制度,发展职业经理人市场。通过两权分离制度的建立,企业所有者可以对管理者进行有效的监督和激励,使管理者不会为了自己的利益损害股东们的利益;而管理者也会发挥其管理方面的特长,使企业管理者的行为能够更符合其应尽的忠实职责和勤勉职责。经营管理者在实现公司价值最大化的过程中,也能够体现出自身的价值。

(3)独立董事比例。美国是独立董事制度建立最早,相关制度也最为完善的国家。根据美国证券交易委员对独立董事的定义,他们认为独立董事是和公司没有特别重要关系的成员。如果董事符合下面五个条件其中一条,那么他就不会被认为是公司的独立董事:①如果该成员是企业的雇员,或者两个会计年度之内被企业雇用的员工。②如果该成员在之前的两个会计年度内和企业内担任过企业首席执行官的人或者经理人员有直系亲属的关系。③如果该成员在之前的两个会计年度内,期间由于商业原因接受企业或者支付给企业大于20万美元,或者他在其他的企业持有股权或者具有该企业的投票权,并且这家企业在之前两个会计年度内接受企业或者支付给企业一定量的资金,这些资金和该成员持有的股份的比例之积大于20万美元。④如果该成员是在其他企业担任经理人员,而且这个企业曾经因为商业原因向企业支付或收取企业年度总收入5%的资金,或者大于20万美元的资金。⑤如果该成员在之前两个会计年度内是与企业存在法律关系的事务所的员工。

从美国对独立董事的概念界定可以看出,对独立董事的相关任职限制要比其他董事的任职限制严谨得多。企业的独立董事成员不仅需要和企业的经理人员没有联系,也要和企业的其他利益相关者没有联系。企业设立独立董事真正的目的是使独立董事成员与企业不存在会引发利益冲突的关系,保证独立董事能够用客观公正的标准和态度对企业的发展战略提供建议和意见,并且可以使他们对经理人员的监督和管理更加严格。1940年,美国在《投资公司法》中规定,独立董事占董事会所有董事的比例不得低于40%。在其他方面,美国的相关部门也同样规定了上市公司中独立董事的最少人数,并且还要在公司内部设置监督独立董事的专门机构,其成员的组成也同样会受到诸多要求的限制。根据经济合作与发展组织在《1999年世界主要企业统计指标的国际比较》中的统计,美国的公司中独立董事在董事会中所占的比例已达到62%,居所有发达国家之首。

我国独立董事制度相对美国独立董事制度的发展比较晚。20世纪90年代,我国逐步开始建立独立董事制度。1993年,我国在香港上市的青岛啤酒集团,根据香港证券市场的要求,需要在企业的内部投票表决产生两个独立董事成员,这次事件成为我国上市公司开始设立独立董事成员的标志。1997年发布的《上市公司章程指引》规定了上市公司可以结合自身发展的需要来设立独立董事,这是我国开始建立独立董事制度的标志。在随后的1999年,我国又发布《关于进一步促进境外上市公司规范运作和深化改革的意见》,规定境外的上市公司必须投票选举独立董事成员,这条规定较之前的规定显然具有更为严格的强制性。2001年,我国证监会发布的《关于在上市公司建立独立董事制度的指导意见》,成为我国正式引进国际上普遍流行的独立董事制度的标志。2003年,我国大部分上市公司基本建立起独立董事制度。2006年我国开始实施修订后的《公司法》,这部法律也将公司需要选任独立董事的制度正式纳入了法律范畴。

独立董事的特点是其具有某一方面知识的专长,并且与公司没有任何利益关系,其作用在于增强董事会决策的科学性和透明性,公正地维护中小股东的利益。董事会中有较多的独立董事能够使董事会更有效地发挥监督作用和限制管理者的机会主义行为。独立董事制度的建立可以促进董事会对经理人员的有效监督和约束,使得经理人员和所有者的利益趋于一致,减少经理人员和股东之间的委托代理成本。

(4)专业委员会设立。董事会是公司的经营决策机构,对股东大会负责,执行股东大会的决议,决定公司的经营计划、投资方案、分配方案和聘任或解聘方案。经济发展与合作组织于1999年颁布的《公司治理原则》中指出,公司应该在董事会下设置专业委员会,在这些委员会中独立董事应该担负起重要的职责。与此呼应,我国证监会和原国家经贸委于2002年联合发布的《上市公司治理准则》也对董事会下设置专业委员会做出了一定的规定。其中审计委员会、提名委员会以及薪酬与考核委员会中的半数以上成员应该由独立董事担任,并且由独立董事担任召集人。董事会通过下设专业委员会的形式可以发挥更好的治理作用主要有两方面的原因。首先是专业性,在董事会中引入独立董事就是为了利用其独立性和专业性,但是由于前文所分析的原因,独立董事作为个体并不一定会很好地发挥其作用。而专业委员会则是将部分独立董事与非独立董事组织起来在某一方面发挥其专长,这样就可以更有效地发挥其专业性。其次,董事会的运作机制是会议制,即通过定期或非定期会议的方式来履行职责,这种机制在对公司日常事务或者突发事件的管理中发挥的作用有限。因此,专业委员会可以在董事会闭会期间发挥其战略和监督的职责,以弥补董事会运作机制的不足。

但是由于董事会治理制度在中国上市公司内部真正发挥作用的时间不长,虽有详细的专业委员会准则存在,但是专业委员会的建设一直没有引起上市公司管理者的足够重视,甚至管理者出于自利动机,抵制专业委员会的建立。所以不少公司董事没有建立专业委员会,有的公司虽建立专业委员会,但公司内部却很少召开专业委员会会议,委员会尚未实质运行,因此专业委员会的作用也不能充分发挥。这种状况极大地影响了董事会的战略指导和对管理层的监督作用的发挥。

3.2 外部治理机制分析

1990 年,经济学家诺斯(North)提出了广义的外部公司治理的概念,他认为这是以用来交换商品、建造生产和分配的基础为目的的相关的法律制度、政治和社会的规则。这些因素构成了人类的政治交易行为或经济交易行为的激励与约束机制,使得不同的制度安排对相应市场的交易成本造成不同的效果,对企业的生产经营活动产生影响。本书界定的公司外部治理机制主要包括监管、法律制度和市场等要素。

自 1992 年以来,我国经济体制由计划经济转变为市场经济,这也使得我国逐步成为世界第二大经济体。但是在发展过程中,出现的公司治理问题越来越多,并且也越来越难以控制。政府部门以及市场规则不能对经理人员实施直接的管理,但是他们可以制定相关法律法规来进行监督,然后对经理人员实施间接有效的治理,这种外部治理机制可以缓解内部公司治理机制监督不力的压力。公司治理的外部因素对企业健康稳定的发展有着不可忽视的作用。公司外部治理是公司外部的与公司内部治理机制相适应的外部管理和市场控制的体系,其主要理论基础包括市场竞争理论等。通过公司外部的管理和市场控制体系为企业提供丰富的信息,并以此对股东及经营管理者们的行为进行客观的评价与约束,从而形成一种竞争的市场环境和代理冲突较弱的"优胜劣汰"机制,并最终达到对公司经营管理者进行有效地激励和监督的效果。

我国上市公司外部治理的现状存在很多问题,政府管理机制和法律准则等不规范、不健全,市场机制也很难发挥自身的作用。具体表现在以下几个方面。第一,"用脚投票"[①]机制尚未形成,相关主体能够自由挑选满足自身需求环境的机制还没有形成;第二,包括银行在内的债权人利用相关法律法规对企业进行监督的作用还是十分有限,或者不能发挥其应有的监督作用,抑或监督作用比较小;第三,外部的企业控制权市场或者并购市场无法对企业实施有效的治理作用;第四,作为另一个从外部监督企业的市场,职业经理人市场的相关机制目前也尚不规范和健全,也不能形成有效的监督;第五,企业外部治理的法律制度还不健全、不完善。

---

① 用脚投票,是指资本、人才、技术流向能够提供更加优越的公共服务的行政区域。

3.2.1 政府监管分析

我国上市公司治理的监管体系主要由三部分组成:一是证券市场的主管部门——中国证监会;二是与公司各项经营活动密切相关的政府部门,如财政部、国资委等;三是证券交易所和证券登记结算公司等组织。

(1)中国证监会的监管。我国的证券市场起步比较晚,正式的、连续的、稳定的发展阶段是在改革开放之后。20世纪80年代初,我国才刚刚开放证券市场,并将它视为金融市场。所以,我国政府部门对证券市场实施监督和管理的时候,就采用了金融市场的监管体制。具体的监管主体包括中国人民银行,其主要职能是负责审批专业银行和其他金融机构的设置或撤并,负责管理企业股票、债券等有价证券,负责管理金融市场。1992年,我国成立证券交易委员会。2007年3月,根据我国证监会转发的国家发展改革委、财政部《关于证券、期货市场监管费收费标准有关问题的通知》,强调对我国证券期货市场的监督和管理。这些行为表明我国意识到市场监管的重要性,并在不断地发展市场监管机制。

证监会作为我国国务院直属的事业单位,其主要职权来自相关的法律法规和国务院的授权,主要工作是在全国范围内对证券期货等市场进行统一管理,以此来维持相关市场的稳定、有序。中国证监会的主要作用是对证券市场依法实施监督和管理的职能。在我国上市公司监管体制的基础上建立的辖区监管责任制,要求"属地监管、权责明确、责任到人、相互配合",其明确地要求了进一步巩固中国证监会派出机构的工作职责和定位,有效体现了派出机构的一线监管优势,增强了监督和管理工作的及时性、针对性以及有效性,汇总了系统监督力量,加深了监督和管理的深度和力度。

(2)政府部门的监管。1994年,国务院颁布了《国有企业财产监督管理条例》,是国家对国有企业实施监督和管理的依据。政府监管是指政府凭借其权力和强制性,采取行政手段、经济手段以及法律手段等对公司的生产经营活动以及会计信息管理过程等进行监督、指导和约束,以提高资本市场对资源合理有效的配置,实现维护公共利益的目的。政府监管作为市场机制的补充,凭借其代表公共意志的权力及其权力的强制性可以消除或减轻市场失灵,市场失灵的现象为政府监管提供了可能性和必要性。适度的政府监管可以缓解会计信息不对称,维护市场经济的公平竞争。尽管政府监管的介入并不能保证资源的有效配置可以达到最佳,但是政府部门的监管从理论上来说可以预防资本市场失灵或者关闭的风险。

政府监管是公司外部治理机制的重要组成部分,对公司治理起到非常重要的作用。在金融市场中,因为信息不对称等原因,资本市场上是不可能实现充分的自由竞争状态的,这就导致了公司内部治理机制有时无法发挥其应有的作用。在公司内部治理机制有缺陷的状况下,相关的政府机构需要协调好公司内部治理机制和公司外部治理机制,使它们能够对企业实施有效的监管。

(3)证券交易所和证券登记结算公司的监管。1990年11月26日,上海证券交易所成立。1990年12月1日,深圳证券交易所成立。证券交易所是为证券集中交易提供场所和设施,组织和监督证券交易,实施自律管理的法人。主要职能有:组织、监督证券交易;对会员、上市公司进行监管等。2001年,中国证券登记结算有限责任公司成立。它是为资本市场的证券交易活动提供集中登记、存管和结算服务的机构,并不是以盈利为目的的机构。证券交易所和证券登记结算公司存在的目的都是监督和管理证券市场的有效运行,使我国上市公司的信息更加透明可靠,不受外界因素的干扰。

3.2.2 法律制度分析

公司外部制度的治理还可以通过立法和司法及其调整建立起来一整套制度来对公司发挥治理职能。一个国家的资本市场发展程度和法律的健全程度都会对公司的行为造成很大影响。法律法规体系的建设与实施是公司外部治理机制的重要组成部分,如今我国已经基本形成了比较系统的法律体系。

根据樊纲、王小鲁等编著的《中国市场化指数——各地区市场化相对进程2011年报告》,我国市场中介组织的发育和法律服务环境指数的2009年分布情况如图3-1所示。其中纵坐标为各地区相关市场化因素的得分情况,得分越高则该地区的该项市场化因素越好。从图中可以看出,除上海、浙江、江苏、北京、广东、天津几个省市的市场中介组织的发育和法律服务环境指数较高之外,其他省份的法律制度环境指数普遍偏低,尤其是西藏的法律制度环境指数几乎为零。这说明我国的法律制度体系尚不完善,法律制度的推广范围和实施力度不够。高效的执法力度可以抵销立法缺陷带来的负面影响,特别是在法律制度尚不完善的国家。法律的制定只是整个法律体系中的一个环节,对已有法律体系的有效执行也同样至关重要。只有切实地法律履行,才能有效地保护利益相关者的权益不受侵害。因此,法律制度环境指数的分布不均也是东部沿海地区比中西部内陆地区的经济发展水平更高、更快的原因之一。

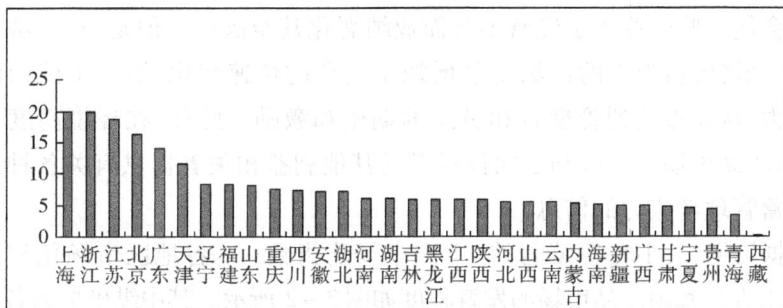

图3-1 市场中介组织的发育和法律制度环境指数

3.2.3 市场发展分析

对市场发展状况的分析通常是指对资本市场、证券市场、产品市场、要素市场等市场的分析。市场能够提供公司绩效的信息,评价公司经营和经营者行为的好坏,并通过自发的"优胜劣汰"机制来激励和约束公司的经营管理者。

我国市场经济的主要特征是资本市场的发达程度还有待进一步的提高,证券市场的发展速度也很难令人满意。与证券市场相比,股票市场的发展状况要好于证券市场。由于证券市场的规模有限,它们更偏好于对国有大型企业的重点项目进行开放,而我国中小企业却很难获得这么好的待遇。目前,我国的股票市场还是一个新兴市场,还处于不成熟的阶段,基本上属于弱势有效市场,存在着投机过度的问题,股票价格并不能真实、有效地反映公司的实际价值;从市场投资者的构成来看,我国股票市场主要由中小投资者构成,股市常常被作为企业筹资活动的地方,而我国许多上市公司往往将股票市场作为"圈钱"的场所。

最近几年,我国的公司外部治理机制正在经历着不断完善和规范的过程。尤其是在近几年,证券市场法制建设正在逐渐加强,并且规范化程度也在不断提高。证券市场是市场经济的高级组织形式,它通过透明的监督机制、严格的规则要求和市场化的激励手段等方法在很大程度上促进了我国上市公司外部治理结构的改进和完善,对我国企业的改革和发展起到了有力的推动作用。在当前我国社会经济生活中,一个显著的现象就是上市公司已经成为我国经济运行中最具有活力和潜力的组织,这主要是由于上市公司的公司治理机制效率比其他非上市公司要高很多。

产品市场的发展可以促进企业之间的竞争。在经济衰退时期,企业间的竞争可能会使一些企业由于经营不善而业绩恶化甚至破产。但是,在经济繁荣的时期,由经济转轨带来的市场竞争增加了公司的快速变化,增强了公司的预算约束能力,从而影响到管理者和员工的期望和激励。此外,在环境高度不确定的时期,产品市场竞争有利于向投资者或其他利益相关者提供有关各种投资机会和经营管理者能力的信息。

根据樊纲、王小鲁等编著的《中国市场化指数——各地区市场化相对进程2011年报告》,我国产品市场的发育程度如图3-2所示。其中纵坐标为各地区相关市场化因素的得分情况,得分越高代表该地区的该项市场化因素越好。除西藏、青海两省的产品市场发育程度指数较低,其他各省份的产品市场发育程度指数普遍较高。较高的产品市场发育程度,促使上市公司可以进行更为合理的财务管理活动。产品市场发育得较为完善,使企业有动机把储备的现金资源和剩余举债能力释放出来并抓住有利的投资机会,扩大市场份额,来增加产品市场的竞争力。

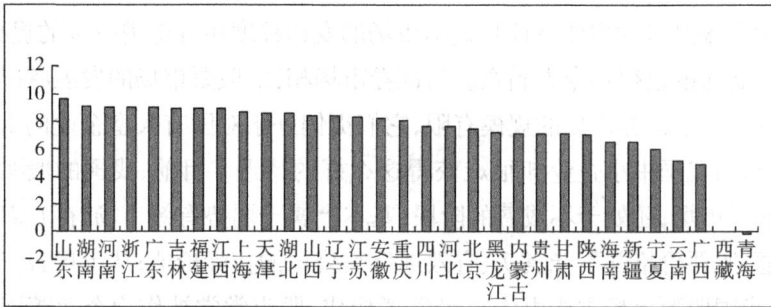

图3-2 产品市场发育程度指数

企业生存必须依赖资本、劳动、人力资本、知识等生产要素,这些要素在企业间或者产业间,甚至企业内部的资源配置方式上,决定了企业的总产出。从企业发展的长远来看,最优的资源配置方式会使社会福利或经济效益最大化,而其他的资源配置方式,相对于最优资源配置,被称为资源错置,会降低企业的总产出水平。

根据樊纲、王小鲁等编著的《中国市场化指数——各地区市场化相对进程2011年报告》,我国要素市场的发育程度如图3-3所示。其中纵坐标为各地区相关市场化因素的得分情况,得分越高表示该地区的该项市场化因素越好。从图中可以看出,我国要素市场的发展程度相对比较均匀和完善。但是,东部沿海地区的要素市场发育程度指数要比中西部内陆地区的要素市场发育程度指数高,说明我国在东部沿海地区的资源配置上要比中西部的资源配置多,这也是我国东部沿海地区比中西部内陆地区经济发达的主要原因之一。

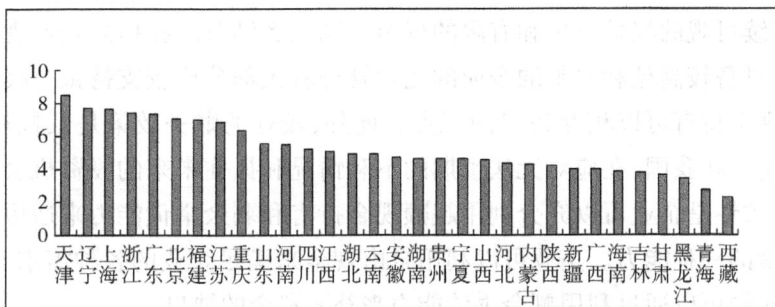

图3-3 要素市场发育程度指数

3.3 上市公司财务柔性持有状况分析

3.3.1 现金持有角度的财务柔性状况分析

早期对财务柔性的阐述主要从现金流量入手,认为上市公司的财务柔性持有可以缓解现金支出超过现金流入的经营困境。财务柔性可以应付公司预期现金支出大于预期现金流入的困境。财务柔性能帮助公司利用财务资源来应对未来不确定性的发生。在此时,财务柔性代表超额现金持有水平,公司可以随机应变地增减现金流量的持有数量或者分布来提高自身的适应能力,使企业牢牢抓住好的投资机遇或者应对猝不及防的危险经营困境。

3.3.2 财务杠杆角度的财务柔性状况分析

国外的一些专家学者从资本结构的视角出发,他们认为可以通过低财务杠杆来获取和保持财务柔性。公司通过保持较低财务杠杆来储备财务柔性,等到企业将来出现可能的投资机遇时可以把握住这些投资机会。财务柔性是公司为了在经济萎靡不振时仍然能够保持较大的业务规模而进行的储备负债融资权利的一种高瞻远瞩的能力。持续保持较低财务杠杆的公司具备利用发行新债务而大规模进行资本资产扩张的实力。

3.3.3 现金持有与财务杠杆相结合角度的财务柔性状况分析

近年来,国内外学者研究的主流趋势是从持有超额现金与保持低财务杠杆相结合的视角来研究财务柔性。最优的持有财务柔性的政策是将保持低财务杠杆、持续可观的权益支付和有限的现金余额三者结合。在提高企业现金流动性方面,具备较高盈利水平的企业的经营管理者大部分比较支持银行授信额度和超额现金持有可以相互替代的观点。此外,较好的财务政策是低杠杆,其次是高现金。在我国,在应对无法预期的不利情况和抓住未来的投资机会的需求时,财务柔性是企业可以充分利用超额现金持有和剩余举债能力来适应多变的融资环境的一种能力。企业可以利用自由现金来满足企业的各种需求,在资金短缺的时候可以通过利用剩余举债能力来补充资金的缺口。

财务柔性相关问题的研究正逐渐成为一个广受关注的热点。通过阅读国内外相关的期刊文献,可以发现国内外的专家学者们对财务柔性研究的角度越来越多样,研究内容与研究方法也越来越广泛,研究成果也越来越丰富。已有文献关于财务柔性与公司价值两者之间关系的研究途径分为两条:一条是直接研究财务柔性与公司价值之间的关系,企业通过储备一定的财务柔性的方式,既可以改善资本结构,提高公司价值,又可以预防未来不确定性风险,减少企业为抵御不利冲击而付出的成本。财务柔性作为企业一项尤为重要的财务资源,对企业的健康持续发展起着非常显著而且重要的作用,企业利用这些资源与能力获得竞争优势,并进而转化为核心竞争力,为企业创造价值。另一条是通过研究财务柔性与融资约束、企业投资行为以及股利支付政策的关系,间接研究财务柔性与公司价值之间的关系。企业储备财务柔性的能力对公司投资活动具有直接影响,财务柔性储备越多,公司对现金流量和剩余负债能力的管理能力就越强,企业的投资行为所受到的约束越小。然而财务柔性储备的多少,也将对企业的非效率投资行为产生非常显著的影响。除此之外,融资活动是企业所有活动的开始,它将以最直接的方式影响着公司的经营发展状况。持有财务柔性的企业,也就有能力缓解融资约束。财务柔性已经成为我国企业在进行投融资决策时必须考虑的一个重要因素,财务柔性通过对财务决策的中介作用,最终将影响到公司价值的大小。

表3-3反映了我国上市公司2009—2014年财务柔性持有行为变动的情况。我国上市公司财务柔性持有行为变动的均值为 -0.030 8,说明我国近几年的财务柔性处于释放的状态。这可能是由于我国经济正处于改革时期,在政府的作用下,资本市场和法律制度正在不断完善,市场化指数不断提高,企业面临的投资机会越来越多,使得我国上市公司逐渐释放财务柔性。

表3-3 我国上市公司2009—2014年财务柔性持有行为特征

年度	2009 年	2010 年	2011 年	2012 年	2013 年	2014 年	合计
最大值	0.584 9	0.584 9	0.584 9	0.584 9	0.584 9	1.744 4	0.778 1
最小值	-0.444 0	-0.444 0	-0.444 0	-0.444 0	-0.444 0	-1.600 3	-0.636 7
平均数	-0.105 4	0.000 2	-0.009 0	-0.019 7	-0.024 6	-0.026 2	-0.030 8
中位数	0.070 4	0.070 4	0.070 4	0.070 4	0.070 4	-0.109 2	0.040 5
样本数	1 380	1 530	1 893	2 175	2 285	2 123	11 386

资料来源:本章数据均根据国泰安数据库数据计算整理;
财务柔性持有行为的计算方式与第五章相同。

表3-4和图3-4分别反映了我国上市公司2009—2014年间财务柔性整体储备情况。从表3-4可以看出,我国上市公司的财务柔性平均持有量为0.161 9,表明我国上市公司总体上持有一定量的财务柔性。从图3-4中可以看出,我国上市公司的财务柔性的平均持有量在2009年到2012年正在逐年增加,这可能是由于2007年美国次贷危机引起的全球金融危机使得公司的经营管理者认识到储备财务柔性的重要性。而在2013年和2014年,我国财务柔性的持有量呈下降趋势,说明我国这两年的财务柔性的持有量在减少。从中也可以大体看出,公司储备财务柔性的行为在很大程度上会受到内外部环境等的影响,是一个公司适应环境的过程。

表3-4 我国上市公司2009—2014年财务柔性持有量现状

年度	2009 年	2010 年	2011 年	2012 年	2013 年	2014 年	合计
平均值	0.093 2	0.144 3	0.197 8	0.212 3	0.184 1	0.157 9	0.161 9
样本数	1 380	1 530	1 893	2 175	2 285	2 123	11 386

资料来源:本章数据均根据国泰安数据库数据计算整理;
财务柔性持有量的计算方式与第七章相同。

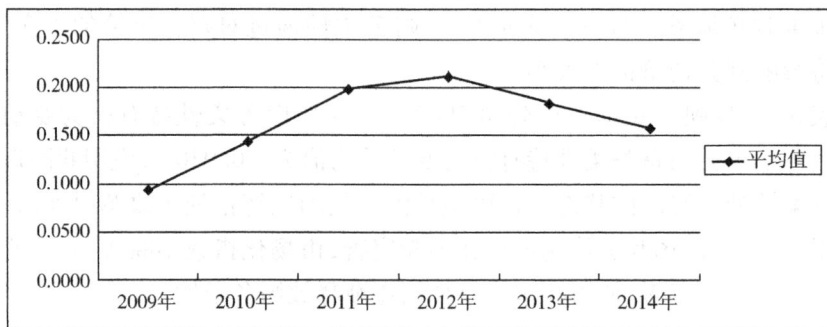

图3-4 财务柔性持有量时间趋势

资料来源:本章数据均根据国泰安数据库数据计算整理;

财务柔性持有量的计算方式与第七章相同。

在瞬息万变的外部环境和市场竞争的压力下,企业在经营的过程中不可能是一帆风顺的,各种情况都可能会使企业不能如期偿还债务以及资金周转不灵,甚至导致企业面临破产的境地。外部环境的不确定性会对公司的经营活动产生不可预期的影响,公司一旦破产则不能继续经营下去,只有那些能够抵御不可预期的外部环境变化所带来的风险并适应这种环境的企业才能获得生存和发展的机会。企业在经营过程中应该重视和关注不确定性风险的大小。在财务杠杆的作用下,资产负债率越高,企业所面临的财务危机成本以及破产风险也就越大,并且最终会超过债务的避税收益,使公司价值降低。储备适量的财务柔性,有利于规避财务杠杆风险,避免外界环境的变化对企业的不利冲击,降低给企业带来的损失。同时,储备财务柔性也可以使企业把握未来有利的投资机会,使企业有更强的投资扩张能力,使公司利益能够最大化,实现企业的可持续健康发展。因此,财务柔性是企业面对外部环境变化与市场竞争压力的缓冲剂,从上述分析可以看出,我国的上市公司已经在企业内部建立起了为应对外部环境不确定性而持有财务柔性的财务制度。

3.4 本章小结

本章首先描述了我国上市公司的内外部治理机制的发展状况,内部治理机制主要包括股东结构和董事会结构两个方面。在股东结构方面,依次从所有权性质、第一大股东持股比例以及股权集中度等方面对上市公司所具有的股权结构特征加以介绍。从中可以看出,在上市公司中,第一大股东的持股比例仍处于较高的地位之上,大股东的股权集中情况仍较为严重。在董事会结构方面,则是从董事会规模、独立董事比例以及董事长与总经理的两权分离情况等方面对上市公司董事会结构加以简要描述。从中可以看出,虽然我国也建立并不断地完善着现代公司制企业的董事会治理机制。但是,目前也仍然存在着诸多的问题亟须解决。

其次,本章对上市公司的外部治理机制的发展现状加以描述。本书将公司的外部治理机制界定为政府干预、法律环境以及市场状况等几个方面。因此本部分也依次从能够对上市公司进行直接行政干预的相关组织,如证监会、财政部、国资委、证券交易所以及证券登记结算公司等的角度、我国涉及经济运行的相关法律法规的角度以及各地区的人力、资本、要素等市场的发展情况的角度对我国上市公司所要面临的外部治理机制进行了介绍。

最后,本章内容在介绍了公司所要面临的内外部治理机制之后,还对公司在面临环境不确定性因素的影响时采取的相关公司财务行为进行了描述。为了与本书的研究内容相适应,本部分也从公司财务柔性的持有行为和公司储备财务柔性的利用两个角度对公司的相关财务行为加以描述。可以看出,在2007年金融危机之后,我国上市公司普遍采取了储备财务柔性的行为。但是近年来,随着危机的减弱,公司持有财务柔性的行为有所减弱。

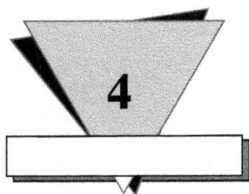

4

理论基础

本书的基本思路是将公司内外部治理机制引入财务柔性持有行为和财务柔性的价值效应的研究中来,研究公司内外部治理机制如何影响财务柔性持有行为以及其在财务柔性与公司价值关系中的调节作用。本章节是相关理论基础阐述部分。在进行实证研究之前,有必要在第一章提出的研究问题、第二章的文献综述以及第三章介绍的制度背景的基础上,进一步介绍本书所做研究需要的理论基础,以此为本书的实证研究提供理论方面的支持。本部分将从内外部治理机制相关理论、财务柔性相关理论以及公司价值相关理论等三个方面对本书所涉及的理论进行论述。

4.1 内外部治理机制相关理论

4.1.1 委托代理理论

委托代理理论(Principal Agent Theory)的形成和发展是以委托代理关系的出现为基础的,这种关系广泛存在于社会经济和政治结构中,并且随着社会生产力的发展和社会分工的细化而表现得越来越清晰具体。委托代理关系在现代公司管理体制中的表现就是公司所有权和经营权的分离,两权分离形成现代公司管理的新型模式,这一模式的产生也引起了广大学者和公司管理者的研究兴趣。伯利等(Berle & Means,1932)两位美国经济学家,首先对公司实行的所有权和经营权相分离这一新型公司管理模式和由此产生的新型委托代理关系展开研究,之后在他们的研究论文 *The Modern Corporation and Private Property* 中指出,现代公司要想持续健康地发展,必须在公司内部实行两权分离制度,公司所有者应该出让经营权,并选择专业人士负责公司的日常经营和管理,公司所有者只负责对经营者的监督和管理,所有者在享有公司利润的同时根据经营者的业绩支付工资。随后更多的学者开始研究这一新型公司组织关系。

20 世纪 60 年代到 70 年代,以委托代理关系假设为前提的委托代理理论逐渐形成,并作为制度经济学中契约理论的一部分被研究阐述。委托代理理论描述的代理关系是指授权人(委托人)通过契约的方式指定或雇用被授权人(代理人)为其服务并支付一定报酬的过程。在现代企业制度框架下企业所有者(委托人)常常需要委派和雇用经营者(被委托人)从事管理和经营企业的责任。理论上讲这些企业经营者在经营过程中应该时刻注意最大程度保障所有者的利益。然而经营者作为独立经济个体,在经营中会出现追求个人利益最大化和机会主义倾向,使得其在进行战略决策和选择时,会通过降低自身工作强度或者进行超过最优规模的过度投资等方式来提升自身支配能力,这些行为都会伤害所有者利益。由于所有者只能监督经营者的管理行为,不直接参与具体的经营管理,因而对复杂市场环境信息的掌握程度远不及拥有经营权的代理人,再加之监督不是全方位的,委托人可能难以及时、准确掌握企业真实经营状况,对企业代理人经营的好坏评价也就不能完全准确。公司资产中现金资产的流动性最高,代理人对现金的使用和处置等行为也最不易受到委托人的监督,代理人可能利用委托人与代理人之间存在的严重信息不对称来滥用现金。因此,从委托人的立场来看,降低代理成本就必须存在一种机制,用这种机制来约束代理人,使代理人的经营决策行为能更多以委托人利益最大化为出发点,而公司治理机制则可以实现委托人的这个目的。

在现代企业中,除了所有者与经理人之间的委托代理问题外,债权人与经理人之间的委托代理问题也值得关注。债务在为公司带来收益的同时,也会增加代理成本。因为信息不对称的存在,企业的所有者、经营者以及债权人之间也会存在利益冲突,这将影响到企业资本结构决策和投资项目的决策。债务的主要特点是到期还本付息,企业支付给债权人本金和利息会使得企业的现金流流出企业,会使企业的经营活动出现困境而面临压力。如果企业失去现金流,严重时将直接导致企业的破产。债务本金和利息的偿还就意味着现金流出企业,为了防止企业经营困难从而导致破产,债务的存在在一定程度上对经营管理者起到激励和督促的作用,促使经营管理者能够更多地站在企业的角度而不是个人角度为企业服务。

4.1.2 利益相关者理论

基于古典管家理论和委托代理理论的观点,古典公司治理理论认为股东利益最大化是企业追求的目标,但是股东利益的存在可能造成忽视其他利益相关者利益的缺陷,那么应该如何处理利益相关者之间的关系呢?彭罗斯(Penrose,1959)在他的著作《企业成长理论》中提出了"企业是人力资源和人际关系的集合"的观点。专家学者们认为这是利益相关者理论产生的理论基础。1963 年,斯坦福研究所的学者们提出一个明确的理论——利益相关者理论。之后由于Eric Rhenman & Igor Ansoff 对这一理论的开创性研究,使得该观点成为一个独立的理论分支。1984 年,Freeman 在他的著作《战略管理:利益相关者管理的分析方法》一书中界定了利益相关者管理的概念。这本书认为,所谓利益相关者管理,是指企业的经理人员为协调企业各利益相关者的利益所进行的日常生产经营的管理活动。经过 Freeman 等专家学者们的不断研究,利益相关者理论逐渐形成一套比较完善和健全的理论体系。

利益相关者理论认为,企业的利益相关者主要包括股东、债权人、供应商、企业员工、客户和社区等(如图 4 - 1)。

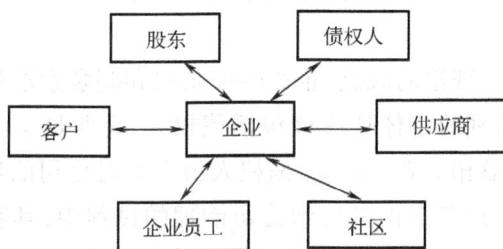

图 4 - 1　企业利益相关者构成

根据利益相关者理论的描述,企业的主要资源都来源于利益相关者,企业的生存和健康、持续地发展都离不开各利益相关者对企业的支持,利益相关者的存在和企业的生存、发展息息相关,企业无论在做任何经营决策时都应该以所有利益相关者的利益为目标。因此,企业追求股东利益最大化的目标应该逐渐转变为追求所有利益相关者的利益最大化。但是,我国的《公司法》等法律法规对利益相关者的利益保护力度远远不够。例如:由于信息不对称的存在,可能会出现以资产替代的方式表现的经营管理者的道德风险和逆向选择;对于企业投资项目产生的收益和风险,债权人偏好规避风险而股东趋向于高风险和高收益的投资项目,结果有可能导致债权人的利益遭受损失。

根据利益相关者理论,在公司治理机制逐步发展和完善的过程中,公司经营管理者应该把重点从仅仅追求股东利益最大化转移到追求所有利益相关者的利益最大化上来,保障其他利益相关者的利益不会受到侵害。关于企业经营管理者应该对谁负责的问题,之前的观点普遍认为股东是最初的投资者,他们出资建立了公司,公司经营管理者只应该为股东的利益着想,而不必考虑其他的因素。股东们依靠最初的投资资本成为企业的所有者,股东利益最大化相当于公司价值的最大化,经营管理者认为追求股东利益最大化,只维护股东的利益没有什么不对。但是如前所述,根据利益相关者理论的观点,股东只是投资资本的所有者,他所拥有的仅仅是企业的股份。作为法人的企业是和股东不同的法律主体,股东仅仅是企业利益主体的其中一个。企业员工、债权人、供应商、客户和社区等其他利益相关者对公司价值的创造同样有贡献,他们的利益也应该受到保护和重视。因此,如果经营管理者单纯地只以追求股东利益最大化为目标的话,这就会导致股东和其他利益相关者发生利益冲突,并很难协调股东和其他利益相关者的关系。从公司长远发展考虑,这必然会影响企业的持续、健康发展。因此,公司的经营管理活动必须体现企业所有利益相关者的利益。

根据利益相关者理论的观点,企业的控制权和剩余索取权不仅仅局限于企业股东,因此公司治理的主体还应该包括债权人、企业员工、供应商、客户和社区等在内的广大利益相关者。例如:债权人由于其对公司的债权而应该享有参与公司治理的权利,只有真正参与到公司治理的过程中,其利益才能够得到真正有效的保护。企业员工的利益得到有效的保护,其工作效率、积极性和人力资源的潜力都会被激发,使公司价值大幅度提高。因此,让企业员工在公司治理等方面发挥更大的作用有利于员工自身价值最大化的实现。股东是公司治理主体的重要成员之一,首先应该保证内部公司治理机制的有效性,这是为公司创造价值、承担社会责任的义务奠定基础。然后在其他利益相关者的共同努力和配合下,企业的发展才会蒸蒸日上,为实现社会整体发展的目标贡献力量。

4.1.3 产权理论

根据产权理论,影响公司价值的决定因素主要包括清晰的产权划分、优化的产权结构与完善的薪酬激励机制。公司的不同产权产生的交易成本与工作效率是不同的,也对公司价值产生不同的影响。

1991 年诺贝尔经济学奖的获得者科斯(Coase)创建了现代产权理论,根据产权理论的观点,民营企业的控股股东对企业生产的利润拥有剩余索取权,为了使企业获得的利润最大化,他们有更大的动机去促使企业不断增加盈余,来使自己的利益最大化。如果一个国家没有明晰的产权结构,那么这个国家就没有促使企业不断发展、创新的动力,企业的生产效率会降低,资源配置不能发挥作用。反之,明晰的产权结构有利于企业为生产更多的利润而不断发展,可以使生产效率提高,资源配置达到最优,进而能够缓解社会经济不景气等问题。

科斯没有对产权理论的概念给出一个清晰的阐述,导致之后的研究学者们对产权理论存在不一致的观点。

在经济学史上,马克思对产权理论进行了最早的论述,认为产权是一种法权关系,是生产关系按法律规定的一种体现形式。因为在社会早期发展的阶段存在的一种规律:把每天不断的生产、分配和交换产品的行为通过一个共同的规则界定起来,然后促使每个人服从生产和交换的规定,这种规律开始是通过习惯的形式反映,慢慢地变成了法律的形式。

按照现代企业制度的规定,企业的产权结构有两种:控制权不可竞争的产权结构和控制权可竞争的产权结构。所谓控制权不可竞争的产权结构,是指企业中有一个掌握绝对控股优势的控股股东,依靠他享有的绝对控股权来规避企业被潜在的或者现有的竞争对手接管的风险,只有利用谈判的手段才能得到控制权。控制权不可竞争的企业的控股股东在巩固其控制地位的时候,无法避免地约束了股权的自由竞争和流通的特点。但是,控制权可竞争的产权结构却恰恰不同,指的是控制权的转移通过股票市场自由流通的股票的方式实现,也可以通过股权市场的谈判的方式获得。

通过查阅已有关于我国上市公司产权研究的文献可知,根据产权制度的安排,国有企业对经理人员缺乏有效的约束和管理,所有者的职能监督不到位非常容易产生"内部人控制"的现象。国有企业里国家是主要投资者,由于竞争主体的特殊性,层层委托代理关系使经理人员非常容易发生机会主义行为,和经理人员的逆向选择和道德风险。因此,这大大增加了具有国有产权性质企业的委托代理成本。我国国有上市公司表现非常突出的现象是"一股独大"的控制权不可竞争的股权特征。作为投资者的国有股东们只有控制权却没有剩余索取权,拥有绝对控制权的国有股东有更大的动机损害或者侵占其他中小股东的权益,包括资产私吞、费用操纵等损害企业的行为,这些行为肯定会产生不同程度的非效率行为。与国有上市公司相比,民营企业明显的特征就是它可控制的、可竞争的产权结构,掌握绝对控制权的股东基本上都是自然人或者家族,控股股东和其他中小股东的目标趋于相同,明确的财产权和公平的利润分配权有效地约束了费用操纵、资产侵占等损害企业利益的行为。所以,民营企业的控股股东通过自由竞争的控制权的特有优势来损害中小股东权益的行为并不是很多。

4.1.4 不平衡增长理论

区域经济不平衡增长理论认为发展中国家的区域经济增长不平衡是经济

发展内在规律、市场作用和政府调控之间相互作用引起的。

根据诺斯(1990)的观点,不仅企业的自主行为导致了企业一系列的签约行为,企业所处的背景制度环境也是引发企业行为、决定契约内容的主要因素。王等(Wong 和 Jian,2007)的研究发现,市场化进程和政府部门的监管都会对企业的经营决策产生作用,企业将会按照外部因素的改变而做出理性的决策行为。范等(Fan 和 Claessens,2002)的研究表明,不完善不健全的制度背景将会导致企业需要支付高额的签约成本和监督成本。从法律制度环境差异的角度分析,施莱弗等(Shleifer、La porta 和 Vishny,1997)通过对不同法系国家的交易市场进行调查,投资者权益保护程度比较好的英美法系企业,内部公司治理结构更为健全,资本资源在企业的配置效率更高,趋向于资本配置最优;与此相反,在投资者权益保护程度比较差的大陆法系企业,企业的股权比较集中,导致公司价值降低。

企业的外部环境,如法律制度、产权制度、媒体监督、政治关联、政府干预以及清廉程度,都在不同程度上影响着控股股东对上市公司的操纵程度。如金等(Kim 和 Dumev,2005)通过构建模型发现,在控制权不变的情况下,所有权越小,控制权人对公司的代理问题就越严重;而其中法律备受苛责,因为法律体系的不完善才放纵了大股东明目张胆地侵占企业财产。他们还鲜明地指出:如果法律能对中小投资者利益形成足够有效的保护,即使终极所有者的所有权较小,也不至于造成严重的经济后果。

4.1.5　竞争理论

合理的市场竞争也能有效遏制公司控制人的代理问题。研究表明地区市场化程度直接影响企业外部市场的竞争程度,市场化程度越高,企业外部市场的竞争越合理有序。在竞争激烈的环境下,可以产生非合同式的隐含激励,隐含激励的来源主要包括生存动力、信誉动力和信息比较动力。在生存动力下,竞争的结果是继续生存或者灭亡。企业为了继续生存,经营管理者在面临激烈的竞争环境时必须努力提升公司的价值。信誉动力是指竞争会使企业经营管理者为了让自己的信誉得到认可,在激烈的竞争中选择努力工作。信息比较动力是从信息公开与比较的视角来看,认为竞争的环境有利于经营管理者的能力和努力程度的信息得到公开,达到对经营管理者进行监督和激励的目的。

竞争理论认为,"适者生存,优胜劣汰"这亘古不变的道理在企业的竞争中,发挥了公司价值直接影响企业发展的作用,促进企业努力提高公司价值。根据竞争理论,创造市场竞争的环境与企业产权所属没有关系,所以否定了市场中只有民营企业占主导地位才能发展竞争的观点。根据信息完善论,由于信息不对称的存在,竞争使信息更加完善。林毅夫在其著作《充分信息与国有企业改革》中提出,充分且公平的竞争环境是企业成功的前提条件,无论是国有企业还是民营企业都可以在公平竞争的市场环境下,利用市场这只"看不见的手"和公司的内部治理机制对经营管理者进行有效监督,提升企业的经营效率。由于竞争的淘汰机制,企业更有动力去完善公司治理机制来提高公司价值。根据竞争理论的观点,在信息比较动力和信誉动力的隐含激励下,竞争能够有效约束内部人控制的问题。所以,竞争理论为公司治理机制的完善和发展奠定了理论基础。

投资是企业竞争的一种手段,能够体现企业的竞争实力,并且合理有效的投资决策能够提升企业的竞争力。但是,投资收益不仅受到投资项目的影响,也受到经营管理者行为的影响。如果经营管理者采取不作为或者消极的行为,没有对投资项目进行合理的预期或者没有调整企业战略对投资项目的过程实施动态追踪,这将非常容易形成非效率投资,导致公司价值降低。除此之外,由于道德风险和逆向选择,经营管理者容易进行有利于自身利益但会侵害公司价值的非效率投资。竞争的市场环境在一定程度上可以减轻委托人与代理人之间信息不对称的程度,从而减少企业的非效率投资行为,使企业的经营绩效得到保障。竞争的市场环境使经营过程和结果能够通过最有效的方式得到披露。在竞争的市场环境中,并不是每一个市场参与者都能获利,经营不善会对投资者的资金安全和经营管理者的职业安全构成直接威胁。因此,投资者存在通过完善公司治理机制来降低企业投资失败的可能性,而经营管理者为避免企业破产所带来的"丢饭碗"的危险而更加认真努力地工作,自觉约束经营过程中的自利行为。

4.2　财务柔性相关理论

4.2.1　货币需求理论

凯恩斯(Keynes)曾经是现金余额数量论的代表人物之一。但是,他摒弃了古典学派的学说将货币流通速度作为特征变量,开始关注利率的重要性,并不再支持将实物经济和货币经济划分开的"二分法"的做法,由此产生了流动性偏好的货币需求理论。根据他的观点,一个人的流动性偏好应该是这个人在各种各样的状况下通过货币的方式维持它的资产的时间价值,流动性偏好的大小通过货币或者工资单位来度量。

在凯恩斯货币需求理论中,凯恩斯认为人们对货币的需求有三个动机:交易动机、谨慎动机、投机动机。所谓交易动机,是指因为个人或者业务上的交易而导致的对现金的需求。货币的交易媒介作用是交易动机的最主要的内容。和古典货币数量论的想法一致,凯恩斯认为交易的货币量和收益是成比例的。所谓谨慎动机,是指人们出于谨慎的考虑,把自己资产的一部分通过现金的方式储存起来。根据凯恩斯的观点,人们希望持有的预防性货币资金的数量是由人们预期的未来交易水平决定的。因此,人们根据谨慎动机所持有的货币需求量和他们的收入是成比例的。所谓投机动机,是指人们认为自己比其他一般人对未来的市场走向具有更加准确的预期。由于投机动机,人们认为持有货币的动机来源于货币的储藏功能,把货币当作一种资产来看待,预期由于货币利率的变动而发生变化的货币持有量来获得收益。

4.2.2 信息不对称理论

20 世纪 70 年代,美国经济学家阿克尔洛夫等(Akerlof,Spence 和 Stiglitz)提出了信息不对称理论,并因此获得 2001 年诺贝尔经济学奖,该理论主要论述了在市场经济活动中,买卖双方由于掌握交易信息的程度不同而对经济行为产生影响。从经济学的视角来分析,所谓信息不对称理论,是指在市场经济活动中,各类人员对相关经济交易信息的了解掌握程度是不一样的,在交易中信息了解程度比较充分的人员往往处于比较有利的地位;相反,信息了解程度比较贫乏的人员则往往处于比较不利的地位。对于信息不对称理论的解释主要可分为两种情况:一是关于市场交易的信息在交易双方间的分布不对称;二是交易双方对于自己在信息掌握程度上的相对状况是明确的,并且这种相对不对称的状况容易导致发生交易完成前的逆向选择和交易完成后的道德风险问题,这些问题将严重降低市场运行的效率甚至使市场交易停顿。

信息不对称状况普遍存在于资本市场中,这种不对称容易导致企业出现非效率投资等现象,造成交易双方的高额无形成本产生。在委托代理或契约关系存在的情况下,企业的信息不对称现象主要存在于外部债权人、投资者、股东与经营管理者之间,一般而言,在市场交易活动中,相对于买方,卖方拥有更多关于交易商品的信息,因此可以在市场活动过程中凭借信息优势获利。资本市场中信息不对称情况的存在,常常导致上市公司的外部融资行为失败,例如:上市公司通过发行股票的形式来筹集资金的时候,外部投资者在购买股票的时候希望购买股票的价格没有被高估,交易的时候股票价格可以打折扣;与之相对应的发行方经理因为掌握了很多外部投资者所不知情的内部信息,知道现在的股票发行价格是合理的,外部投资者给出的折扣价低估了股票价值,如果低估的股票价值高于公司从外部融资获得资金用于投资的收益,就会因为公司会受到损失而放弃交易,结果买卖双方的利益都在交易中受到损害。信息不对称的情况还会造成公司内部所有者和经营者因为追求的利益目标不同而造成的投资过度问题的发生。

4.2.3　优序融资理论

1954 年,迈尔斯等(Myers 和 Majluf)提出优序融资理论。根据优序融资理论,企业理想的目标负债水平是不存在的,根据投资项目的资金多少,企业来决定是否应该融资。在融资顺序上,为了使信息不对称等问题所带来的代理成本和其他融资成本能够减小到最低,企业在融资方式上存在最优顺序,依次分别是内部融资、债务融资和股权融资。按照优序融资理论的观点,现金是投资决策和留存收益两者之间的一种缓冲剂。如果企业的经营性现金流能够满足投资决策的需要,那么企业会选择偿还债务或者储备资金;如果企业的留存收益不能满足企业当前的投资决策的需要,那么企业会通过储备现金流或者剩余举债能力满足。所以,虽然优序融资理论不是一个专门研究现金持有或资本结构的理论,但是优序融资理论的提出可以帮助解释企业持有现金的原因。支持优序融资理论的研究认为,现金持有量与债务融资是没有关系的,因为一元现金融资与一元负债融资对企业来说并没有什么区别。从投资机会的角度来看,投资机会比较多和成长性高的企业对现金的需求量更大,如果企业此时资金比较匮乏,容易迫使其放弃净现值大于零的投资项目,但是投资成本却更大。因此,预期投资收益越高,现金持有水平就会越高。

4.2.4　战略价值理论

公司价值是由企业各项战略投资未来所获得的价值组成的。通过评价战略价值可以衡量公司价值,为实现公司价值最大化的目标提供帮助。战略价值是企业未来战略决策产生的价值,由投资决策产生的经营现金流量的现值决定。经理人员在制定投资决策的时候,需要根据历史财务指标的记录,对投资决策的预期收益进行细致的预测和分析。巴斯金(Baskin,1987)研究指出,持有超额现金流的企业更容易在激烈的市场竞争中确立自己的战略性市场地位,战略价值理论由此产生。在市场化进程不断加快的背景下,企业制定的现金持有量决策必须以企业总体发展战略为导向,支撑企业的战略规划和长远发展。

基于战略价值理论,企业持有超额现金的预防性需要,很大意义上是为了在未来市场上出现较好的发展机遇和投资机会时,以最低的融资成本把握有利的发展机遇。充裕的资金和剩余举债能力可以使企业及时抓住有利的发展机遇,确立和巩固自身的竞争优势。现金充裕的企业可以在产品市场上保持竞争战略的灵活性;通过增加广告投入、提供现金折扣、增加研究开发支出从而增加产品附加值等差异化战略扩大市场份额;通过密集分销渠道等市场开发战略逐步抢占竞争对手的销售份额和销售市场;通过采取渗透定价策略发动价格战来降低竞争对手的获利空间。与此相反,现金匮乏的企业可能因为市场份额的缩小和获利空间的降低而无法及时收回运营成本,甚至陷入财务危机、被逐出市场。

4.3 公司价值相关理论

4.3.1 MM 理论

1958 年,莫迪利亚尼和米勒在其著作《资本成本、公司财务与投资理论》中,提出了 MM 理论,开创了现代企业对资本结构进行研究的先河。MM 理论是基于企业在前期或者早期的经营过程当中所赢得的收益为基础,然后再对其进行更深层次的研究和阐述。莫迪利亚尼和米勒的研究表明:在一定条件和范围下,一个公司选择什么样的融资方式都不会影响公司价值,公司价值是不受融资方式和资金的来源渠道影响的,在实证研究公司价值和资本的关系后,在理想的金融市场状况下公司价值和资本结构是没有关系的。MM 理论的观点彻底颠覆了传统的观点,特别是那些认为公司价值与融资方式和融资途径有关的经济学家的观点,因此这一理论从开始提出就备受争论,造成其他学者和企业管理者的困惑和不理解。

MM 理论提出之后也做过不同程度的拓展和完善,最大的拓展就是认为公司价值应该和企业所得税两者之间存在一定的关系。根据美国相关税法的规定,企业的所有者依据企业生产利润所得,需要根据企业债券和股权的控股股东的状况,缴纳一定比例的企业所得税,但是股息和企业税前的收入都需要缴纳一定额度的企业所得税。MM 理论认为,根据当前美国税法的规定缴纳企业所得税,企业的付税杠杆对公司价值和企业融资成本具有一定程度的影响作用。但是,如果企业当前的资产负债比率达到了 100%,企业所需要筹集资金的成本将会最低,那么此时的公司价值就会达到最高。换句话说,对于企业而言,他们认为最佳的融资渠道是通过举债的方式获得,并不是利用企业发行股票的方法。

在 MM 理论描述的完美资本市场上,由资本市场筹集的企业外部资金和企业内源资金在成本上是不存在差别的。企业可以投资预期收益为正的投资项目,企业的投资决策与融资决策是相互独立的,企业的投资决策和公司价值是由投资项目决定的。我国资本市场不完善,一方面因为融资约束使企业外源融资的成本高于企业内源融资成本,当各种市场摩擦因素导致外源融资的成本较高时,企业原本可行的投资项目的净现值可能会变成负的。另一方面,由于资本市场各种各样制度的约束,企业可能因无法及时获得所需资金,而必须放弃一些预期收益为正的投资项目。因此,企业需要储备一定的财务柔性。保持财务柔性的方式包括储备现金和剩余负债水平,以此来抓住未来有利的投资机会。

4.3.2　权衡理论

1956 年,托宾指出了企业持有现金交易动机的重要性。20 世纪 70 年代以后,罗比切克等(Robichek,1967;Kraus,1973)先后提出了权衡理论,并且逐渐发展成形。根据权衡理论,企业可以利用税收屏蔽的手段,通过增加公司负债来增加公司价值。但是随着公司债务水平的提高,企业有可能会陷入财务危机,情况严重的话有可能导致公司破产。如果公司破产,就会发生破产成本。即使公司不破产,但是只要存在破产的可能,或者说只要企业陷入财务危机的可能性上升,就会给企业带来不必要的额外的成本,这成为制约企业增加债务水平的一个重要因素。因此,企业在对资本结构做决策时,必须权衡负债的避税效应和破产成本这两者之间的利弊。现金持有量研究者们在此研究成果上,构建了现金持有量静态权衡模型。根据静态权衡模型的观点,企业储备资金不仅有收益也有成本,持有现金的成本又被称作流动性溢价①,想要保持最佳现金持有水平,必须权衡现金持有的成本和收益。根据现金持有量静态权衡模型,公司是存在最佳现金持有量的。但是,这个模型只考虑了以实物形式存在的成本,并没有考虑由于信息不对称和委托代理关系所产生的没有以实物形式存在的无形成本。

根据权衡理论的观点,由于企业外部筹集资金存在规模经济,因此企业应该持有现金来减少企业外部融资成本。除此之外,企业持有现金可以降低企业发生财务困境的可能性,投资会给企业带来巨大预期收益的项目,并且可以降低企业外部融资成本或者处置固定资产的成本。有的学者也从边际的角度理解权衡理论,实现企业利润最大化目标的企业都是研究分析现金持有的边际成本和边际收益来计算企业的最佳的现金持有量。

4.3.3 公司价值评估理论

(1)价值评估理论的发展。价值评估理论与方法产生于19世纪末20世纪初的并购行为,并随着人们对公司价值概念理解的不断深入而逐渐发展成熟。评估公司价值的发展历史包含着公司价值含义变动史和价值评估方法变动史。价值评估理论的历史变迁大致经历了三个时期②,具体如表4-1所示。

表4-1 价值评估发展史

发展阶段	时间范围	评估方法
价值评估的萌芽期	19世纪末20世纪初	账面价值法是当时评估公司价值的主要方法之一
价值评估的成长期	20世纪初至20世纪50年代	现金流量成为公司价值的衡量尺度
价值评估的成熟期	20世纪50年代至今	运用期权定价技术来调整按现金流量贴现法评估的公司价值

(2)公司价值评估的方法。根据《国际价值评估准则》指南的规定,公司价值评估的方法主要包括收益法(Income Approach)、市场法(Market Approach)和资产基础法(Asset Based Approach)三种评估方法,这也是目前比较成熟的三大

---

① 流动性溢价,即持有流动资产的机会成本。

② 参见李锐.价值评估理论与方法研究[D].大连:东北财经大学,2002.

基本方法。表4-2对以上三种方法的定义、优缺点以及适用范围进行了简要的介绍。

表4-2　三种评估方法比较分析

方法	定义	优点	缺点	适用范围
收益法	公司价值通过预期收益和折现率确定的预期收益现值计算	最直接有效的公司价值核算方法	企业预期收益、贴现率以及盈利持续时间这三个参数非常难以获得	收益法适合于发展相对稳定的公司价值评估
市场法	通过寻找目标企业相同或相似的已交易公司,利用目标企业与可比企业之间比率参数作为调整系数,计算目标企业的整体价值	方法简单,可操作性强,运用市场法还可以对企业进行价值预测	现实的资本市场中,非常难找到真正意义上的可比企业,各企业之间相互比较的参数合理性也不能确定	市场法比较适用于可比性较高的企业
资产基础法	根据现行市场价值对企业的资产总值超过负债总额后的净值,减去债券折价、组建费用和递延费用,加上存货跌价准备	更真实地反映企业资产在当时的真实价值,更具有经济意义	资产基础法评估的只是企业资产的价值,并没有资产间的组合价值	资产基础法只适用于持续经营企业进行评估

　　在上述三类公司价值评估方法中,以收益法为基础的现金流量贴现法是目前学术界和实务界应用最广泛的一种方法。在现金流量贴现法下,将企业的整体自由现金流量通过企业加权资本成本折现后的现值即为企业的价值额,而整体自由现金流量又分为债务和股权两种自由现金流量,通过对应折现率折现后便可以分别得到债务价值和股权价值。

4.4　本章小结

　　本章的主要内容从公司内外部治理机制、财务柔性和公司价值等三个方面入手,依次分析、梳理了内外部治理相关理论包括委托代理理论、利益相关者理论、产权理论、不平衡发展理论和竞争理论;财务柔性相关理论包括货币需求理论、信息不对称理论、优序融资理论和战略价值理论;公司价值相关理论包括

MM 定理、权衡理论以及公司价值评估理论。

通过对上述理论的分析发现，第一，公司内外部治理机制是受委托代理关系、利益相关者利益、公司的产权性质、区域经济发展状况、社会环境变化情况和市场竞争程度影响的。第二，公司的财务柔性持有是受公司内外部信息不对称程度、对货币的需求程度、公司融资策略的制定和实施、公司战略发展的需要影响的。第三，根据 MM 理论的观点，公司价值和融资方式与资本结构无关，只和所得税税率发生关系，但是 MM 理论成立的前提——完美资本市场现在还没形成，现阶段公司价值还是会受公司融资策略、债务结构和现金持有状况影响。公司价值评估方法的选用也影响公司价值的确定。

5

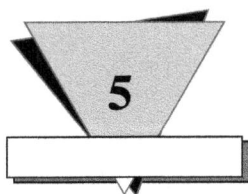

内部治理机制与财务柔性持有行为的实证分析

伯利等(1932)指出现代企业最大的特点就是所有权与经营权相互分离。在此种分离的结构下,所有者与经营者之间必然存在着由于二者目标的不一致所带来的代理冲突。公司治理在缩小二者之间目标差距,解决代理冲突、降低代理成本中可以起到举足轻重的作用。齐鲁骏(2012)对公司治理的内涵进行了总结,主要包括制度安排说、组织结构说、决策机制说以及治理机制说。其中制度安排说强调公司治理是对公司各利益相关方之间关系的一种契约或合同安排,以使其实现各自的利益追求。组织结构说认为公司治理是涉及公司的决策者、监督者和经营者三者组成的一个互动的结构,三方在该结构中各行其道,相互制约,相互配合。决策机制说则认为公司治理是一种决策机制,尤其是对那些在初始合同中没有约定事项的决策机制,比如对剩余风险和剩余索取权分配等的决策问题。治理机制说将公司治理机制的范围放得更宽,认为更为广泛的利益相关者均会在公司治理中发挥各自的作用。本书是在上述公司治理内涵的各种学说的基础上,对公司治理机制与财务柔性之间的关系加以研究,具体又分为公司治理机制对财务柔性持有行为的影响和公司治理机制对财务柔性价值效应的影响。

在对公司治理的研究中,有些学者将公司治理视为一个整体,通过构建综合指数的方式来度量公司治理水平。也有学者将公司治理机制进行分类,大体上分为内部治理机制和外部治理机制两类,然后在每一类中选择具体的度量指标来代表公司治理机制。出于本书的研究目的,本书对公司治理的研究将采用后一种方式,从公司的内部和外部两个角度来选择公司治理机制。其中,内部治理机制主要从股权结构和董事会结构两个方面着手,而外部治理机制则主要指公司所处地区的市场化进程。

本部分将对公司内部治理机制与财务柔性持有行为之间的关系展开研究。首先,将基于前文提出的制度背景和理论基础对内部治理机制和财务柔性持有行为之间的关系进行理论分析,并提出本部分的研究假设。其次,针对研究假设进行研究设计,包括变量定义、模型设计、样本选择和数据来源等内容。再次,将利用设计的模型和选定的样本进行多元回归分析,验证本部分提出的假设,并通过稳健性检验为假设提供更为坚实的证据。最后,对本章的内容进行总结。

5.1 理论分析与研究假设

公司内部治理机制主要分为与股权结构相关的治理机制和与董事会结构

相关的治理机制两部分。在股权结构方面,本书主要选择第一大股东持股比例、股权集中度以及是否在香港进行交叉上市三个方面作为内部治理机制中股权结构方面的替代变量。而在董事会结构方面,则选择了董事长与总经理两职兼任情况、独立董事在董事会中所占比例以及董事会下设置专业委员会数量三方面作为董事会结构方面的替代变量。

5.1.1 股权结构与财务柔性

目前针对财务柔性的研究多采用将其拆分为现金柔性和负债柔性两个方面的方式,即从现金持有和剩余举债能力两个方面进行研究。在现金持有方面,凯恩斯(1936)提出了货币需求理论,该理论将公司持有现金的动机分为交易动机、预防动机以及投机动机。在这三种动机中,交易动机是指公司持有现金是为了维持日常生产经营正常运转;预防动机是指公司持有现金是为了防止环境中的不利冲击,能够在不利冲击发生时,及时调动资源对其加以应对;投机动机则是指公司持有现金是为了把握环境中出现的有利投资机会。在公司出于上述三种动机而持有的现金中,出于交易动机而持有的现金是为了维持日常的生产经营。对于每一个公司而言,该类现金会围绕一个相对固定的水平上下波动,这个水平可能是公司所处行业的平均水平,也可能是公司最近若干年的平均水平,还可能是一个基于公司若干因素综合确定的值。根据货币需求理论,公司持有现金除了出于交易动机外,还有预防动机和投机动机。出于这两种动机而持有的现金体现为公司持有现金总额超过出于交易动机持有现金的部分。根据拜杨(2008,2011)的定义,财务柔性是指公司在预防或利用未来不确定性事件时能够及时调用财务资源来实现公司价值最大化目标的能力。与此对应地,公司在满足交易动机之外,出于预防动机和投机动机所持有的超额现金就是公司在应对未来的不利冲击和把握有价值的投资机会时能够及时调动的财务资源,并能够以此来实现公司价值最大化的目标。从货币需求理论的角度来看,公司的财务柔性表现为出于预防动机和投机动机而持有的现金。

持有超额现金是储备财务柔性的方法之一,此外,公司的财务柔性还表现为剩余举债能力,这与公司的资本结构密切相关。莫迪利亚尼和米勒(1958)提出了著名的"MM理论",认为在完美的、理想的资本市场环境下,公司所保持的资本结构与公司价值无关。但是,现实的资本市场由于交易成本、税收等因素的存在而充满了各种摩擦,公司采取不同的资本结构必然会对公司价值产生影响。在这种条件下,公司就需要针对其所面对的具体环境来做出有关资本结构的决策。根据权衡理论,公司进行负债融资,需要对债权人进行按期还本付息。在这一过程中,公司向债权人支付的利息允许公司在计算所得税前扣除,因此会产生抵税效应,这是负债融资有利的一面。同样是由于需要按期还本付息,如果公司遇到了经营方面的困难,很可能会对还本付息的能力造成损害,这时公司就面临着违约风险,甚至会导致公司破产,这是负债融资不利的一面。公司需要在抵税效应和违约风险之间进行一定的权衡,以此来做出关于资本结构的决策。此外,优序融资理论认为公司在面临资金需求时,会按照从内部留存资金到债务融资再到股权融资的顺序进行融资活动的安排。根据前面介绍的权衡理论和优序融资理论,公司根据对成本、效益等方面的考量进行融资安排,选择债权融资或者股权融资。但是,现实的经济环境中充满了不确定因素,公司可能会遭遇预料之外的不利冲击,同时也可能会出现有价值的投资机会。与此同时,资本市场也充满了各种摩擦因素,公司在有融资需求时,也可能无法及时地获得充足资金。在这种环境下,公司的融资安排就会越来越背离权衡理论或优序融资理论,而有意地保持剩余举债能力,以此来应对不利冲击或把握投资机会。格雷厄姆等(格雷厄姆和哈维,2001;Brounen 等,2004;Bancel 和 Mittoo,2004)对欧美等国家的 CEO 进行问卷调查的结果都显示了他们进行融资方式选择时,财务柔性是其中一个重要的考虑因素。

从上述分析可以看出,公司在不确定的环境之下,会倾向于选择持有超额的现金,并保持一定的剩余举债能力。在现代公司所有权与经营权相分离的背景下,经理层对公司的日常经营生产等事项负责,包括公司持有现金的水平和举债能力的运用。而所有者作为公司的实际出资人,通过治理机制来约束和激励经理层的行为。从股权结构的角度来看,大股东持股比例、股权集中度和是否选择在海外资本市场上市等因素会对经理层的行为有一定的影响。

根据委托代理理论,以所有权和经营权分离为主要特征的现代公司中代理冲突会在多方主体之间出现。具体包括所有者和经营者之间的冲突,以及大股东和小股东之间的冲突,这些冲突的根源都是因为他们追求的目标有所不同。小股东对公司的股票进行投资主要是想获取现金股利,或者通过在二级市场转手来获取价差,他们通常没有能力也没有意愿干涉公司的战略或者经营管理,主要利用"用脚投票"的方式对公司进行评判。而大股东持股的目的则显著不同,他们通过持有公司的股票来掌握公司的生产经营权,他们通常不会考虑将手中的股票出售。在母公司控股的情况下,母公司更希望通过利用子公司的经营活动来完善集团的价值链。这些大股东对公司的现金股利、资本结构、经营模式等都会有显著的影响。

现有文献通常利用大股东持股比例和股权集中度来反映大股东与小股东之间的股权结构特征,大股东持股比例较高或者股权相对集中会对公司治理有正反两方面的影响。如果公司的股票主要由小股东分散持有,那么由于这些小股东在能力上或者精力上都无法对公司的生产经营起到实际的监督作用,公司的决策权可能会完全落入经理层的手中。此时经理层做出的有关持有现金或资本结构等方面的决策可能会更多地考虑到自己的利益,而不是股东利益。与此相反,如果公司存在控股股东或者股权相对集中,那么这些大股东就会更好地对经理层的行为起到监督作用,避免所有者缺位现象的发生。但是,公司的大股东在行使自己权利的时候往往只是代表自己的利益,而并非全体股东的利益。他们会通过关联交易等方式与公司进行利益输送,以满足自身的利益,而这种行为却会对小股东的利益造成严重的伤害。

控股股东为了发挥自己的监督作用,可能会决定将更多的现金以股利的形式返还给股东,这样就可以减少所有者与经理层之间的代理成本,同时,这样做也可以满足大股东对现金的需求。在我国特殊的经济制度下,国有企业通常都存在着"一股独大"的现象,并且其股权集中度也较高。与非国有企业相比,国有企业由于其天然的"政治关联",应对风险的能力会更高。同时,国有企业由于与银行的关系更为紧密,因此也会获得更多的债务融资。方军雄(2007)对资本结构在国有企业与非国有企业之间的差异进行了研究,结果表明国有企业具有更高资产负债率和更长期限的债务结构。通过上述分析,本书认为大股东的持股比例较高或者股权相对集中会抑制公司在面临不确定环境时的财务柔性持有行为。

交叉上市是指一家公司发行的证券在两个或两个以上不同的证券交易所上市交易的行为。近年来,随着中国经济的不断发展,越来越多的公司在资本市场上采取了"走出去"的战略,除了在境内交易所上市之外,还选择在境外的资本市场上发行证券。通常来说,在上海证券交易所和深圳证券交易所之外的证券交易所上市的行为都称为境外上市。中国企业还是比较倾向于在香港证券交易所上市,这主要是由于香港与大陆同属中国、两地相距较近并且文化相通等。公司采取交叉上市的行为,也是一种公司治理机制。具体而言,从所有权的角度来看,交叉上市一方面可以引进更多的境外投资者,他们会对公司治理、公司经营等方面提出更为严苛的要求,并起到更有效的监督作用。另一方面,在我国大股东持股比例较高、股权集中情况较为严重的现实背景下,公司如果选择在境外资本市场同时上市,可以适度地缓解大股东持股比例较高以及股权较为集中的情况,同时也能够缓解大股东侵害小股东利益的情况。计方等(2011)的研究证明了这一点。交叉上市这种治理机制作用于经理层的行为时,可以使经理层更以全体股东价值最大化为目标,而不是追求自身福利最大化或者仅为大股东的利益服务。

通过上面的分析,公司在面临内外部环境不确定性因素的时候,会选择通过持有超额现金或者保留剩余举债能力的方式来保持公司的财务柔性。在现金持有方面,公司选择交叉上市,可以对大股东和经理层都起到约束的作用,避免其做出对公司价值有侵害效果的行为。此时,在不确定的环境下,公司更可以出于预防动机和投机动机来持有超额的现金,来预防不利冲击或者把握有价值的投资机会。在举债能力方面,公司交叉上市行为向债权投资者传递出了公司治理更为有效的信号,加强了债权人的信心,公司可以以此来获得更大水平的债权融资。此外,交叉上市也可以为公司带来更大规模的资金来源,可以有效地补充公司的资金需求,这也可以进一步减小公司现有的债务水平,相较于其他企业就可以保留更大的剩余举债能力。

基于以上分析,本书针对股权结构方面的治理机制与财务柔性持有行为之间的关系提出假设1。

假设1a:公司第一大股东持股比例与公司财务柔性持有行为呈负相关关系,即公司第一大股东持股比例越高,公司越倾向于释放财务柔性。

假设1b:公司股权集中度与公司财务柔性持有行为呈负相关关系,即公司股权集中度越大,公司越倾向于释放财务柔性。

假设1c:公司选择交叉上市与公司财务柔性持有行为呈正相关的关系,即当公司股票于多个证券交易市场公开交易时,公司越倾向于持有财务柔性。

5.1.2 董事会结构与财务柔性

在公司的内部治理机制中除了股权结构以外,另一个主要方面是董事会结构。公司的所有权与经营权分离为公司进行更广范围的融资提供了可能。同时,这种局面也使大多数的股东并不参与到公司经营管理当中,他们的能力和精力也往往不允许他们参与到公司经营管理当中。那么，由股东选出代表，来代替股东对公司的经理层进行约束和激励就成为一种必然的趋势，这就是董事会的治理机制。结合我国的实践与已有的文献，董事会结构所代表的内部治理机制主要有董事长与总经理的兼任情况、独立董事在董事会中所占比例以及在董事会下设置战略投资委员会、审计委员会、提名委员会以及薪酬与考核委员会（简称"四委"）的情况等。

根据公司治理的组织结构说，公司治理主要涉及的问题就是所有者、董事会以及经理层之间的权力分配。董事长与总经理两职的分离，一方面可以使总经理更为自由地利用自己的经营专长来经营管理公司，同时对自己的管理行为负责。另一方面，董事长也可以更好地保持其独立性，更有效地起到约束与激励的作用。詹森等（Jensen 和 Fama，1983）的研究也指出了这一点。如果董事长与总经理由一人担任，会造成职责不清、不便监督等状况的出现，有碍于公司治理机制发挥作用。从董事长的产生来看，董事长由所有股东通过投票的方式选举产生。在我国第一大股东持股比例较高、股权集中情况较为严重的背景之下，股东选举出的董事长很有可能与大股东直接相互勾结，损害其他股东的利益，如果董事长再同时兼任公司的总经理，那么所有者、董事会以及经理层之间就很难形成有效的制衡，这种组织形式会损害公司的价值。

通过上述分析，当董事长与总经理两职分离的时候，一方面总经理可以更好地根据对环境的判断来自主地选择持有财务柔性行为并将其运用于预防不利冲击或者把握未来有价值的投资机会当中；另一方面，董事长由于更具有独立性，也可以更好地行使自己代表股东对经理层的约束与激励的职责，使总经理持有财务柔性的行为更有利于为所有股东获取利益。本书认为，在当前充满了不确定因素的环境之下，董事长与总经理两职的分离可以促进公司持有财务柔性行为。

董事会能够更好地发挥其作用的基本保障是保持其独立性。为了保持公司董事会的独立性，证监会于2001年发布的《关于在上市公司建立独立董事制度的指导意见》和从2006年开始实施的修订后的《公司法》等法律法规都对上市公司在董事会中安排一定比例的独立董事做出了相关的规定。在理论上，独立董事相较于其他非独立董事具有以下两方面的特点。第一是独立性，根据独立董事的定义，独立董事除了在公司担任董事职务外，不能与公司或者公司的主要股东之间有任何的联系。这种独立性既应该是形式上的，更应该是实质上的。第二是专业性,非独立董事通常是在股东中选出的,在股东为法人机构时,董事则是被该法人机构所指派的。独立董事无法在公司战略、风险管理等方面给予公司专业性的帮助。但是,公司可以根据自身的需要选择具有某一方面专长的人员作为独立董事,他们在公司的战略选择、风险管理等活动中可以更好地发挥自身的专长,实现独立董事对公司的治理。更为重要的是,这种专业性也表现在独立董事的职业口碑方面,具有良好的职业口碑同样也是独立董事的必备条件。

但在实践中,董事会中的独立董事成员若想充分、有效地发挥其理论上应当发挥的作用,还会遇到很多主观和客观的阻碍,其一就是独立董事的动机。由于独立董事被认为是一个具有不同目的的混合体,所以独立董事是否能够真正起到监督作用引起了很多学者的质疑。Hermalin 和 Weisbach(2001)发现在独立董事与管理层之间出现分歧的时候,独立董事往往会选择沉默。詹森等(Jensen 和 Fama,1983)认为独立董事除了要建立自己的专家声誉之外,也会有动机去建立不给经理层制造麻烦的声誉。其次是个人精力问题。具有良好声誉的独立董事可能会在多家上市公司中担任独立董事,再加上其还有自己的工作,这就会使得他们无法对每一家公司的情况做到充分的了解,这也为其履行独立董事职责添加了障碍。最后是大股东的存在。我国上市公司的股权结构相较于西方国家的一个显著特点就是大股东持股比例较高,再加上我国文化中存在的"人情大于规定"等特点,使得独立董事想要发挥其作用会遇到更大的困难。因此,本书认为独立董事制度在我国还无法实现其理论上的治理机制,无法使经理层在面临外部不确定时,更为合理地做出现金持有和资本结构决策,来促进公司的财务柔性持有行为。

董事会若想发挥其应有的治理机制,不仅仅取决于每一名董事,更重要的是将这些董事有效地组织起来。实务界和理论界普遍认为行之有效的方式是在董事会下设置专业委员会。经济发展与合作组织于1999年颁布的《公司治理原则》中指出,公司应该在董事会下设置专业委员会,在这些委员会中独立董事应该担负起重要的职责。与此呼应,我国证监会和原国家经贸委于2002年联合发布的《上市公司治理准则》也对董事会下设置专业委员会做出了一定的规定。其中审计委员会、提名委员会以及薪酬与考核委员会中的半数以上成员应该由独立董事担任,并且由独立董事担任召集人。四个专业委员会在履行董事会的战略与监督职能过程中在不同方面发挥着作用。战略委员会主要负责对公司的长远发展战略以及重大的投资计划和融资计划进行管理;监督公司年度计划的制定并提出建议;提高公司的战略管理水平等。审计委员会一方面要对公司的会计制度和财务状况负责,并考核公司内部控制的有效性,另一方面还要对外部审计师进行评估和提名,并能够与其沟通有关公司财务报表审计的相关事项。因此,在审计委员会中,至少应该有一名独立董事具有相关财务背景。提名委员会既需要对董事和经理层等人员的选择标准和选择程序负责,同时也需要向董事会推荐候选的董事和经理层人员。薪酬与考核委员会的职责包括制定董事和经理层的考核标准,研究并制定经理层的薪酬计划,该计划既要对经理层有足够的吸引力,同时也要对其有激励作用,向股东大会报告有关董事薪酬安排的信息等。

之所以董事会通过下设专业委员会的形式可以发挥更好的治理作用,主要是因为两方面的原因。首先是专业性,在董事会中引入独立董事就是为了利用其独立性和专业性,但是由于前文所分析的原因,独立董事作为个体并不一定会很好地发挥其作用。而专业委员会则是将部分独立董事与非独立董事组织起来在某一方面发挥其专长,这样就可以更有效地发挥其专业性。其次,董事会的运作机制是会议制,即通过定期或非定期会议的方式来履行职责。这种机制在对公司日常事务或者突发事件的管理中发挥的作用有限。因此,专业委员会可以在董事会闭会期间发挥其战略和监督的职责,以弥补董事会运作机制的不足。通过以上分析,本书认为上市公司通过在董事会下设置专业委员会的方式可以更好地监督经理层的行为,使公司对外部环境的分析更加精确,也使公司的重大决策更加合理。因此,公司专业委员会设置得越完善,越会促进公司为预防不利冲击和把握未来投资机会而持有财务柔性。

基于以上分析,本书针对董事会结构方面的治理机制和财务柔性之间的关系提出假设2。

假设2a:公司董事长与总经理两权分离程度与公司财务柔性持有行为呈正相关关系,即公司董事长与总经理不是同一人兼任时,公司倾向于持有财务柔性。

假设2b:公司独立董事比例与公司财务柔性持有行为呈负相关关系,即公司独立董事在董事会中的比例越高,公司越倾向于释放财务柔性。

假设2c:公司董事会下设专业委员会个数与公司财务柔性持有行为呈正相关关系,即公司董事会下设置专业委员会数量越多,公司越倾向于持有财务柔性。

5.2　研究设计

5.2.1　变量定义

（1）被解释变量：财务柔性增量（ΔFF）。从前文的介绍中可知，目前对财务柔性的度量主要有单一指标法、双指标结合法和构建多指标综合体系三种方法。在双指标结合法下，公司的财务柔性主要表现为现金柔性和负债柔性两者的结合。现金柔性就是公司能够及时调动现金储备的能力，而负债柔性就是公司需要资金时能够通过发行债券等方式进行债务融资的能力。根据财务柔性的定义和来源可知，一个公司的财务柔性是由现金柔性和负债柔性共同决定的，其中，现金柔性是由公司的超额现金持有量或者闲置资金决定的，而负债柔性主要源于公司的剩余举债能力。此外，借鉴已有相关文献的研究分析和结论发现，只有在中国现行资本市场的特殊管理制度下才存在上市公司对股权再融资的情况，所以本书不对权益柔性部分加以考虑。

本书拟借鉴我国学者邓康林、刘名旭（2013）对财务柔性（FF）的度量方法，即财务柔性＝现金柔性＋负债柔性。其中现金柔性＝公司的现金比率－行业现金比率均值，负债柔性＝行业负债比率均值－公司的负债比率。在此基础上，财务柔性增量则是指相对于上一年，财务柔性水平的变动，即财务柔性增量＝本期末财务柔性水平－上期末财务柔性水平。

（2）解释变量（Gov－In）。第一大股东持股比例（Top1），本书利用公司第一大股东所持股份占公司总股份的比例表示第一大股东持股比例，该指标越大，表明第一大股东的持股比例越高。

股权集中度，即赫芬达尔指数（Hn），该指数的计算方法为前 n 大股东持股比例的平方和。由计算公式可知，赫芬达尔指数不仅仅考虑了单个股东的持股比例，更重要的是体现了他们持股比例之间的相互作用。当每一名股东的持股比例进行平方之后，就会给持股比例相对较大的股东赋予更大的权重，而对持股比例较小的股东赋予更小的权重，即出现马太效应。公司的股权越集中，则前 n 位大股东的持股比例的平方和，即赫芬达尔指数越大；股权越分散，则前 n 位大股东的持股比例的平方和，即赫芬达尔指数越小。Hn 越接近 0，说明股东的持股状况较为分散；Hn 越接近 1，说明前 n 位股东的持股状况较为集中。已有的研究对赫芬达尔指数的高低做出了评价,认为当赫芬达尔指数大于 0.25 时,就表示该公司的股权相对集中。本书选取前十大股东的 Hn 指数来表示公司股权的集中程度。如前所述,该指数越大,则表示公司的股权分布越趋于集中。

是否交叉上市(Area),交叉上市是指同一家公司的证券同时在两个或两个以上的证券交易所发行、交易。结合已有的研究,本书将同时在中国大陆(沪、深两市)和香港上市的公司定义为交叉上市的公司。

两权分离程度(RSD),当公司的董事长和总经理由不同的人员担任时,被认为是两权分离,否则是两权合一。

独立董事比例(IDP),按照相关规定,上市公司董事会中必须包括独立董事,并且要达到相应的比例。本书利用公司董事会内部独立董事人数与董事会的董事总人数之比来计算独立董事比例。

董事会下设置专业委员会(PC):根据《上市公司管理准则》的规定,本书用公司在董事会下设置战略委员会、审计委员会、提名委员会和薪酬与考核委员会的个数来反映董事会下专业委员会的设置情况。

(3)控制变量(Controls)。

公司规模(Size)。静态权衡理论认为,规模经济在一定程度上影响流动资产存量。大规模公司也会很容易从资本市场中筹集资金。因此公司规模会影响到公司对持有财务柔性行为的选择。本书选择公司规模作为控制变量。

成长性(Growth)。Opleretal(1999)指出公司的现金持有量与其所面临的投资机会是相关的。公司为了不放弃有价值的投资机会,不得不在公司内部储备一定量的现金。因此,成长快的企业,应该有更多的现金持有量。本书同样将成长性设为控制变量。

经营现金流(Cashflow)。公司在生产经营过程中产生的现金流量可以用来预防未来的不利冲击或者把握住有价值的投资机会,因此本书也将经营活动的现金流量作为控制变量。

总资产周转率(TAT)。总资产周转率是公司营业收入与总资产规模的比值,其反映了公司的经营效率。该指标越高,说明单位的经营周期较短,资产变现能力也较强,也会对现金持有和负债水平等财务政策有所影响。因此,本书将总资产周转率设为控制变量。

上市年限(Age)。根据生命周期理论,公司处于不同的生命周期阶段会采取不同的财务管理政策。对于上市年限而言,新上市的公司与已经上市一定时间的公司的财务政策也有所不同。因此,本书将上市年限设为控制变量。

同时,为了考虑不同行业以及不同年份对公司财务柔性持有行为的影响,本书同时加入了行业控制变量(Industry)和年份控制变量(Year)。

5.2.2 模型设计

为了检验公司内部治理机制对财务柔性持有行为的影响,并结合上述的变量定义,本书建立下述的模型一:

$$\Delta FF = \beta_0 + \beta_1 Gov - In + Controls + \varepsilon$$

根据本部分所提假设,若 β_1 系数为正,则表明相关治理机制对财务柔性的持有行为有促进作用;若 β_1 系数为负,则表明相关治理机制对财务柔性持有行为有抑制作用。

其中:ΔFF 代表被解释变量财务柔性增量。$Gov - In$ 是作为解释变量的内部治理机制,具体包括第一大股东持股比例、股权集中度、是否交叉上市、董事长与总经理两权分离程度、独立董事比例和四委设置;Controls 代表控制变量,具体包括公司规模、成长性、现金流量、总资产周转率、上市年限以及行业控制变量和年份控制变量。

为了检验本书所提出的假设 1a、假设 1b、假设 1c 以及假设 2a、假设 2b、假设 2c 是否成立,本部分所设计的模型中的各个变量的形式及其具体的计算方法见表 5 – 1。

表 5 –1 变量的定义

变量类型	变量名称	变量符号	说明
被解释变量	财务柔性增量	ΔFF	本期财务柔性水平 – 上期财务柔性水平
解释变量 (Gov – In)	第一大股东持股比例	Top1	第一大股东所持股份/公司总股份
	股权集中度	Hn	前十大股东的赫芬达尔指数
	是否交叉上市	Area	公司交叉上市则取1,否则取0
	两权分离程度	RSD	公司实行两权分离取1,否则取0
	独立董事比例	IDP	独立董事人数/董事会成员人数
	四委设置	PC	董事会下设专业委员会数量

续表

变量类型	变量名称	变量符号	说明
	公司规模	Size	LN(公司固定资产)
	成长性	Growth	(本期营业收入 – 上期营业收入)/上期营业收入
控制变量	现金流量	Cashflow	经营活动现金流量净额/总资产
(Controls)	总资产周转率	TAT	营业收入/总资产
	上市年限	Age	样本年度 – 上市年度
	行业变量	Industry	样本属于某行业则取 1,否则取 0
	年度变量	Year	样本属于某年则取 1,否则取 0

5.2.3 样本选取与数据来源

为了进行内部治理机制与财务柔性持有行为关系的实证分析,本书以 2009—2014 年我国沪深两市 A 股上市公司为研究样本,相关数据均来自于国泰安数据库。由于财务柔性增量指标需要上期数据,所以实际数据采集区间为 2008—2014 年。

为了保证数据的有效性等,本书对原始样本进行了如下方式筛选:

(1)考虑到金融行业在资本结构等方面的特殊性,本书根据 2012 年证监会制定的行业分类标准,剔除了金融行业的样本公司;

(2)剔除 2009—2014 年间各年 ST 和 * ST 样本公司;

(3)剔除当年上市的样本公司;

(4)剔除具有异常值的样本公司;

(5)剔除缺失值样本公司。

经过上述处理,最终获得 6 年 14 个行业的 11 239 个样本观测值。同时,考虑到数据的极端值会对本书假设的验证造成影响,因此本书对所有连续变量的 1% 和 99% 以外的样本进行了 Winsorize 处理。

本部分的所有数据处理均使用 Excel2013 和 Stata12 等软件。

5.3 实证结果与分析

5.3.1 描述性统计分析

为了对各变量的数据做一个整体的了解,本部分首先对各主要变量进行描述性统计分析,以观察各主要变量的数值特征。表5-2报告了模型中各主要变量的描述性统计分析的结果。

表5-2 各主要变量描述性统计

变量	均值	中位数	最小值	最大值	标准差	样本数量
ΔFF	-0.033	-0.025	-1.60	1.744	0.139	11 239
Top1	0.363	0.345	0.022	0.894	0.154	11 239
Hn	0.161	0.130	0.000 001	0.800	0.126	11 239
Area	0.030	0	0	1	0.171	11 239
RSD	0.781	1	0	1	0.413	11 239
IDP	0.370	0.333	0.231	0.714	0.053	11 239
PC	3.845	4	1	4	0.450	11 239
Size	20.089	20.005	7.593	27.279	1.687	11 239
Growth	0.205	0.119	-0.851	14.353	0.573	11 239
Cashflow	0.041	0.041	-0.404	0.523	0.077	11 239
TAT	0.671	0.548	0.000 7	9.310	0.558	11 239
Age	9.453	10	1	24	5.985	11 239

从样本的描述性统计中可以看出,财务柔性增量的均值是-0.033,中位数是-0.025,说明我国公司储备财务柔性的行为有所减弱。大股东持股比例的均值是0.363,中位数是0.345,说明中国上市公司的大股东持股比例还是比较高的。股权集中度显示均值是0.161,中位数是0.130,说明大股东持股比例还是比较平均的,形成股权制衡的同时也会降低大股东们参与公司管理的热情。交叉上市的均值仅为0.03,说明在我国沪深两市上市的公司,仅有3%的公司同时选择了在香港上市。两权分离的均值为0.781,中位数为1,说明我国上市公司有接近80%的公司选择了董事长与总经理由不同人员担任的这种治理机制。独立董事比例的均值是0.370,中位数是0.333,结合对我国上市公司独立董事比例的相关规定,独董比例应达到董事规模的1/3,说明各上市公司的独立董事比例不高,大多只是为了满足硬性的规定。四委设置均值为3.845,中位数为4,同样也说明我国上市公司能够为满足相关规定的要求来设置专业委员会。

在企业规模方面,最小值为7.593,最大值为27.279,且存在着1.687的标准差,说明我国上市公司在规模上还存在着很大的差异性。成长性(Growth)

上,均值为 0.205,中位数为 0.119,说明我国上市公司整体上还处于一种成长的状态中。从现金流量角度来看,均值和中位数为 0.041,说明我国上市公司大体上具有正的经营性现金流量。样本公司总资产周转率为 0.671,中位数为 0.548,说明总体上资产转变为现金的时间要超过一年,这也会影响公司的现金持有和债务水平等财务政策。公司上市年限的均值为 9.453,中位数为 10,这主要与我国证券市场的发展速度等有关。

在模型一中,本书还加入了行业和年度两个控制变量,以观察不同行业和不同年份的企业样本之间财务柔性持有行为的区别。因此表 5-3 将列示出本书所选取样本在行业和年度两个维度上的分布情况。

表 5-3　样本分布情况

年份　　行业	2009	2010	2011	2012	2013	2014	合计
农、林、牧、渔(A)	21	23	30	33	35	36	178
采矿业(B)	54	52	53	64	66	66	355
制造业(C)	809	874	1 136	1 378	1 472	1 361	7 030
电力、热力生产和供应业(D)	71	68	73	75	77	77	441
建筑业(E)	35	38	47	58	61	57	296
批发和零售业(F)	114	119	132	140	143	124	772
交通运输、仓储和邮政业(G)	60	63	69	74	78	73	417
住宿和餐饮业(H)	7	9	11	11	10	6	54
信息传输、软件和信息技术服务业(I)	37	49	75	98	117	110	486
房地产业(K)	114	118	117	123	124	114	710
租赁和商务业(L)	14	16	19	22	20	20	111
水利、环境和公共设施管理业(N)	15	15	17	23	25	24	119
文化、体育和娱乐业(R)	9	10	19	23	26	28	115
综合(S)	20	19	21	20	21	18	119
合计	1 380	1 473	1 827	2 151	2 285	2 123	11 239

从上表所示的样本在行业和年份两个维度上的分布可以看出,2009—2014年的样本数分别为 1 380 个、1 473 个、1 827 个、2 151 个、2 285 个和 2 123 个,

六年共计 11 239 个样本。除了 2014 年外,其余五年的样本数均逐年上升。在行业分布方面,制造业(C)的样本量最大,大约占到总样本的 70% 左右,其次是批发和零售业(F)、房地产业(K)、信息传输、软件和信息技术服务业(I)、电力、热力生产和供应业(D)等。同时也应该看出,我国上市公司在行业间的分布极其不均衡,这也是完善我国资本市场应该努力改进的方向之一。

5.3.2 相关性分析

在描述性统计分析的基础上,本部分利用相关性分析来进一步分析两两变量之间的关系。表 5-4 报告了模型中各主要变量的皮尔森相关系数(Pearson Correlation Coefficient)。

表 5-4 各主要变量相关性分析

变量	ΔFF	TOP1	Hn	Area	RSD	IDP	PC	Size	Growth	Cash-flow	TAT	Age
ΔFF	1											
TOP1	−0.035 **	1										
Hn	−0.038 **	0.895 **	1									
Area	0.028 **	0.088 **	0.155 **	1								
RSD	0.084 **	0.063 **	0.077 **	0.044 **	1							
IDP	−0.019 *	0.056 **	0.050 **	0.053 **	−0.090 **	1						
PC	0.001	−0.063 **	−0.079 **	−0.092 **	−0.021 *	0.017	1					
Size	0.088 **	0.207 **	0.215 **	0.305 **	0.164 **	−0.002	−0.065 **	1				
Growth	−0.044 **	0.032 **	0.025 **	−0.024 *	−0.006	0.004	0.020 *	−0.036 **	1			
Cash-flow	0.135 **	0.058 **	0.063 **	0.044 **	0.037 **	−0.041 **	−0.062 **	0.202 **	0.009	1		
TAT	0.056 **	0.069 **	0.072 **	0.006	0.045 **	−0.040 **	−0.022 *	0.114 **	0.046 **	0.100 **	1	
Age	0.313 **	−0.085 **	−0.085 **	−0.006	0.218 **	−0.040 **	−0.041 **	0.134 **	0.005	−0.014	0.064 **	1

注:** 表示在 1% 水平上(双侧)显著相关,* 表示在 5% 水平上(双侧)显著相关。

从上表中被解释变量财务柔性增量与各解释变量和可控制变量的相关系数来看,其与第一大股东持股比例和股权集中度均具有显著的负相关性,这也初步地证明了本书所提出的假设 1a 和假设 1b,即二者与企业财务柔性持有行为具有负相关关系;其与交叉上市和两权分离均具有显著的正相关关系,这也同样初步验证了本书所提出的假设 1c 和假设 2a,即二者与企业财务柔性持有行为具有正相关关系;其与独立董事比例之间也存在着显著的负相关关系,也为假设 2b 提供了一定程度的证明;在控制变量方面,其与公司规模、现金流量、总资产周转率和上市年限均具有显著的正相关关系,同时与成长性具有显著的负相关关系,这也说明了在模型中加入上述控制变量具有一定的合理性。

控制变量与解释变量之间的相关系数绝对值的最大值为 0.305,并且各个控制变量之间的相关性也表现得较小,可以初步说明变量之间没有严重的多重共线性问题。为了进一步验证多重共线性问题,本书也将在实证分析部分通过方差膨胀因子(VIF)进一步判断变量之间是否存在多重共线性问题。

5.3.3 多元回归分析

在前述描述性统计分析和相关性分析的基础上,本部分利用模型一进行多元回归分析,以期进一步分析内部治理机制与财务柔性持有行为之间的关系,并以此来验证本部分所提出的假设。表 5 - 5 报告了回归结果。

表 5 - 5 内部治理机制与财务柔性持有行为关系的多元回归分析

变量	(1a) 系数	(1b) 系数	(1c) 系数	(2a) 系数	(2b) 系数	(2c) 系数
截距	-0.211 *** (-14.159)	-0.215 *** (-14.411)	-0.200 *** (-12.931)	-0.211 *** (-14.190)	-0.205 *** (-12.070)	-0.230 *** (-12.460)
TOP1	-0.017 ** (-2.147)					
Hn		-0.029 *** (-2.882)				
Area			0.017 ** (2.356)			
RSD				0.006 ** (2.029)		

续表

变量	(1a) 系数	(1b) 系数	(1c) 系数	(2a) 系数	(2b) 系数	(2c) 系数
IDP					-0.015 (-0.649)	
PC						0.005^* (1.789)
Size	0.001 (1.512)	0.001 (1.720)	0.000 (0.308)	0.001 (0.797)	0.001 (1.090)	0.001 (1.169)
Growth	-0.014^{***} (-6.837)	-0.014^{***} (-6.844)	-0.015^{***} (-6.897)	-0.015^{***} (-6.911)	-0.015^{***} (-6.919)	-0.015^{***} (-6.962)
Cashflow	0.291^{***} (18.017)	0.291^{***} (18.030)	0.291^{***} (18.048)	0.290^{***} (17.005)	0.290^{***} (17.966)	0.292^{***} (18.065)
TAT	0.005^{***} (2.411)	0.005^{**} (2.432)	0.005^{**} (2.370)	0.005^{**} (2.283)	0.005^{**} (2.285)	0.005^{**} (2.322)
Age	0.007^{***} (35.472)	0.007^{***} (35.455)	0.007^{***} (36.038)	0.007^{***} (34.810)	0.007^{***} (35.901)	0.007^{***} (36.003)
年度	控制	控制	控制	控制	控制	控制
行业	控制	控制	控制	控制	控制	控制
R^2	0.167	0.168	0.167	0.167	0.167	0.167
$Adj-R^2$	0.166	0.167	0.167	0.167	0.166	0.166
F 值	205.012^{***}	205.415^{***}	205.114^{***}	204.958^{***}	204.555^{***}	204.858^{***}
N	11 239	11 239	11 239	11 239	11 239	11 239

注:(1)括号中是 t 值;(2) $*$、$**$、$***$ 分别表示在10%、5%、1%水平上(双侧)显著。

　　从整体上来看,所有的回归的 F 值均在1%的水平上显著,说明所选取的解释变量和控制变量对被解释变量财务柔性增量具有一定的解释能力。同时,由于篇幅有限,本书并未报告各变量的 VIF 值,但其均小于10,每组变量的 VIF 均值均小于2,进一步说明了变量之间不存在严重的多重共线性问题。

　　第(1a)(1b)(1c)列反映了股权结构方面的治理机制与财务柔性持有行为的关系。第(1a)列中大股东持股比例的系数为 -0.017,且在5%的水平上显著。这说明大股东持股比例较高时,公司更倾向于释放财务柔性,而不是持有财务柔性。这也验证了假设 1a 的成立。第(1b)列中股权集中度的系数为 -0.029,且在 1% 水平上显著,说明随着股权集中度的提高,公司持有财务柔性的行为也在降低,这也验证了假设 1b 的成立。第(1c)列中交叉上市的系数为 0.017,且在 5% 水平上显著,说明越是在多地交叉上市的公司,其所面临的监督环境越严苛,此项治理机制更为健全,在面临环境不确定性时,公司更倾向于持有财务柔性,这也验证了假设 1c 的成立。

第(2a)(2b)(2c)列分别反映董事会结构方面的治理机制对财务柔性持有行为的影响。第(2a)列中两权分离的系数为 0.006,在 5% 水平上显著,说明两权分离度越高,公司越可以持有财务柔性来应对未来的风险及把握投资机会,由此证明了假设 2a 成立。独立董事的系数为 -0.015,虽然系数为负,但是并不显著,因此也就无法证明假设 2b 是否成立。四委设置的系数为 0.005,且在 10% 的水平上显著,说明公司通过在董事会中设置战略委员会、审计委员会、提名委员会以及考核与薪酬委员会等专业委员会,可以促进财务柔性的持有行为。

从控制变量的角度来看,现金流量、总资产周转率和上市年限均与财务柔性增量具有显著的正向相关关系,说明现金流越大,总资产的周转率越快;上市年限越长,公司越倾向于采取持有财务柔性行为。公司的成长性与财务柔性增量具有显著的负相关关系,可能是由于公司通过现金投资或者举债投资的方式支持公司的发展,因此会减少财务柔性的持有。

5.3.4 稳健性检验

前面通过多元回归分析的方法,对本部分所提出的假设进行了一一检验。为了使所得结论更为稳健,本节将对所提假设进行稳健型检验。主要涉及第一大股东持股比例与财务柔性增量之间的关系,以及采用虚拟变量来度量财务柔性增量这两个方面。

(1)第一大股东持股比例与财务柔性增量。已有研究发现第一大股东持股比例和公司的资本结构并非简单的线性关系,即二者之间存在着非线性的倒"U"形关系。为此,本书在稳健性检验中,建立以下模型进行检验。

$$\Delta FF = \beta_0 + \beta_1 TOP1 + \beta_2 TOP1\_squ + Controls + \varepsilon$$

其中,TOP1_squ 表示第一大股东持股比例的平方项,若其系数为负且显著,则说明我国上市公司第一大股东的持股比例与财务柔性持有行为之间也存在着非线性的关系。其他变量与模型一相同。

表5-6报告了利用上述模型进行稳健性检验的结果。

表5-6　第一大股东持股比例与财务柔性持有行为关系的稳健性检验

变量	系数	系数
截距	0.005 (0.763)	-0.203 *** (-12.564)
TOP1	-0.194 *** (-5.057)	-0.058 (-1.643)
TOP1_squ	0.206 *** (4.350)	0.052 (1.188)
Size		0.001 (1.472)
Growth		-0.014 *** (-6.857)
Cashflow		0.290 *** (17.993)
TAT		0.005 ** (2.449)
Age		0.007 *** (35.254)
年度	控制	控制
行业	控制	控制
R^2	0.003	0.167
$Adj - R^2$	0.003	0.166
F 值	16.243 ***	188.052 ***
N	11 239	11 239

注:(1)括号中是 t 值;(2) *、**、*** 分别表示在10%、5%、1%水平上显著。

上表中第二列为不加入任何控制变量时,第一大股东持股比例与财务柔性增量之间的非线性关系,第三列则是加入控制变量后二者之间的非线性关系。

从两列系数都可以看出，第一大股东持股比例与财务柔性增量之间存在着负相关关系，但是第一大股东持股比例的平方项（TOP1_squ）却与财务柔性增量不存在负的显著性关系，因此也就无法证明二者之间的倒"U"形关系。究其原因，从描述性统计中可以看出，我国第一大股东持股比例普遍较高，平均值达到0.36左右，因此其整体上可能会处于理论上拐点的右侧，与财务柔性增量之间表现为负相关关系。

（2）虚拟变量度量财务柔性增量。从度量财务柔性增减多少转换为度量是持有了还是释放了财务柔性。具体方法为，改变多元回归分析中财务柔性增量采用连续变量度量的方法，利用虚拟变量来度量财务柔性增量。具体而言，当财务柔性增量大于0时，则稳健性检验中 ΔFF 取1，表示公司增加财务柔性的行为；当财务柔性增量小于0时，则稳健性检验中 ΔFF 取0，表示企业释放财务柔性的行为。

仍利用模型一进行稳健性检验，表5－7报告了内部治理机制与财务柔性持有行为关系的稳健性检验的回归结果。

表5－7　内部治理机制与财务柔性持有行为关系的稳健性检验

变量	(1a')系数	(1b')系数	(1c')系数	(2a')系数	(2b')系数	(2c')系数
截距	− 0.025 （− 0.466）	− 0.025 （− 0.464）	0.022 （0.395）	− 0.026 （− 0.487）	− 0.030 （− 0.500）	− 0.003 （− 0.047）
TOP1	0.018 （0.629）					
Hn		0.002 （0.050）				
Area			0.079 *** （2.999）			
RSD				0.021 * （1.53）		
IDP					0.015 （0.180）	

续表

变量	(1a')系数	(1b')系数	(1c')系数	(2a')系数	(2b')系数	(2c')系数
PC						-0.005 (-0.560)
Size	-0.004 (-1.359)	-0.003 (-1.232)	-0.006** (-2.114)	-0.004 (-1.508)	-0.003 (-1.256)	-0.003 (-1.280)
Growth	-0.023*** (-3.021)	-0.023*** (-2.999)	-0.022*** (-2.963)	-0.023*** (-2.985)	-0.023*** (-3.000)	-0.023*** (-2.987)
Cashflow	1.230*** (21.333)	1.231*** (21.336)	1.234*** (21.399)	1.230*** (21.331)	1.231*** (21.329)	1.229*** (21.292)
TAT	0.027*** (3.491)	0.028*** (3.521)	0.028*** (3.605)	0.027*** (3.503)	0.028*** (3.530)	0.027*** (3.522)
Age	0.022*** (13.153)	0.022*** (30.420)	0.022*** (30.713)	0.022*** (29.569)	0.022*** (30.573)	0.022*** (30.551)
年度	控制	控制	控制	控制	控制	控制
行业	控制	控制	控制	控制	控制	控制
R^2	0.130	0.130	0.131	0.130	0.130	0.130
$Adj-R^2$	0.129	0.129	0.130	0.130	0.129	0.129
F值	152.732***	152.691***	153.631***	153.090***	152.694***	152.724***
N	11 239	11 239	11 239	11 239	11 239	11 239

注:(1)括号中是 t 值;(2)*、**、*** 分别表示在 10%、5%、1% 水平上显著。

表 5-7 中报告了利用虚拟变量来度量财务柔性增量下模型一的回归结果。大股东持股比例系数为 0.018,并不显著,股权集中度的系数为 0.002,也不显著,因此在这两方面,虽然系数与所提假设相符,但是稳健性检验却并没有为假设提供更为稳健的证据。交叉上市的系数为 0.079,且在 1% 水平上显著,因此在交叉上市方面就为本部分的假设 1c 提供了更为坚实的证据,即公司在香港上市后,对持有财务柔性行为有促进作用。董事长与总经理兼任的系数为 0.021,且在 10% 水平上显著,这也再次说明了两权分离会进一步促进公司持有财务柔性的行为。独立董事比例和四委设置的系数并不显著,也没有提供更为坚实的证据。

5.4　本章小结

本章选取 2009—2014 年间在沪深两市 A 股上市的公司为研究对象,选取了 11 239 个研究样本。在控制了公司规模、公司成长性、现金流量、总资产周转率和上市年限以及行业因素和年度因素的基础上,研究了内部治理机制(大股东持股比例、股权集中度、交叉上市、董事长与总经理两权分离、独立董事比例和四委设置)与财务柔性持有行为之间的关系。

研究结果表明,大股东持股比例、股权集中度、交叉上市、两权分离度和四委设置等都对公司的财务柔性持有行为存在显著的影响。大股东持股比例的不断提高以及股权集中程度不断加重,公司所受到具有控制权的股东的控制程度也变得更大,其可能为公司做出更符合其自身的财务安排,公司在面临环境不确定性时,财务柔性持有行为却随之下降。公司进行交叉上市,一方面提高了治理水平,另一方面随着公司的资本和产品市场的扩大,公司面临的未来不确定性也会越大,公司的财务柔性持有也因此会有所提高。公司的董事长和总经理两权分离,可以使董事会更有效地行使监督和约束的职能,提高公司治理效率。治理效率的提高,会影响公司发展战略的实施。为了满足公司发展战略的需求等因素,公司会提高财务柔性的持有。公司在董事会下设置与战略、审计、提名以及考核与薪酬有关的专业委员会也会提高公司的治理水平。在此环境下,公司也会更加倾向于持有财务柔性以应对不利冲击或者把握投资机会。独立董事在财务柔性持有方面发挥的治理效应则并不显著。这与国内一些学者前期研究的关于独立董事在我国上市公司治理机制中发挥的作用所取得的研究结果相似。

在实证分析的最后,本部分对所得到的相关结论进行了稳健性检验。首先是根据已有文献中关于大股东持股比例在影响财务柔性方面发挥着倒“U”形的效应进行了检验。但是,本节所做的检验并没有支持这种倒“U”形效应的存在,而是更显著地表现为大股东持股比例与财务柔性增量之间负相关的关系。其次,本部分还根据被解释变量的增加还是减少,利用虚拟变量对被解释变量进行取值,利用定性度量的方式再一次对本部分所提出的假设进行了验证,并在交叉上市和董事长与总经理两权分离情况等方面对财务柔性持有行为的影响提供了进一步不同程度的支持证据。

6

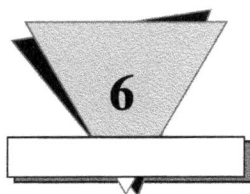

外部治理机制与财务柔性持有行为的实证分析

本部分将对外部治理机制与财务柔性持有行为之间的关系进行实证分析。具体而言,本书将借鉴已有文献,并根据樊纲等(2011)编制的《中国市场化指数——各地区市场化相对进程 2011 年报告》中的分类,以政府与市场关系、市场中介组织的发育与法律服务以及市场化进程为外部治理机制的替代变量来进行研究。本部分首先结合前面所介绍的基础理论进行理论分析,并提出本部分的假设;其次进行研究设计;再次是实证结果与分析,具体包括了描述性统计分析、相关性分析、多元回归分析以及稳健性检验,以此来得出本部分的研究结论;最后是本章小结,将对本部分的研究内容进行总结。

6.1　理论分析与研究假设

公司治理的目的是缩小所有者与经营者之间的目标差异。在这方面,不仅股权结构、董事会结构等公司内部治理机制能够对经营者的行为产生影响,政府与市场关系、市场中介组织的发育与法律服务以及市场化进程等外部治理机制同样会作用到经营者的行为之上。

政府与市场的关系一直是经济学界激烈讨论的一个话题。亚当·斯密主张用市场这只"看不见的手"来调节经济主体的行为。但在 19 世纪初期,世界经济陷入危机之际,以凯恩斯为代表的经济学家却又大力强调需要政府这只"看得见的手"对经济进行干预,并以此来摆脱经济萧条和失业等问题。新中国成立以来,经历了由计划经济体制逐步向市场经济体制转变的过程,在这个转变的过程中,如何处理好政府与市场之间的关系仍是我们深化改革的重要问题。

根据经典的公司价值理论,公司开展各种生产经营活动的目标之一是实现公司价值最大化,并以此实现股东投入资本的保值增值。但是,政府作为一个非营利性社会组织,其组织目标必然不是组织价值最大化,而应该是诸如经济发展平稳化、社会福利最大化、就业充分化等社会目标。由于政府所掌握的资源有限,有时政府并不会通过自身的行动来完成这些目标,更多的是将这些目标施加于公司上。经营者在为实现公司价值最大化的目标而组织生产经营活动时,也不得不兼顾政府施加的诸多社会目标,这样也就会进一步扩大所有者与经营者之间的目标差异。公司持有财务柔性是为了抵御未来的不利冲击或者把握住有价值的投资机会。政府对公司的干预实际上是在增大公司所面临的不确定性。这种不确定性既会体现在公司可能不得不为实现某项政府的社会目标而买单,也会表现在为了满足政府所要实现的社会目标而进行额外的投资。在这种不确定性加剧的环境下,公司就需要持有更多的财务柔性。

另一个表现出公司外部治理机制的因素是市场中介组织的发展与法律服务,格雷厄姆等(2000)认为法律保护等外部因素与公司内部治理机制可以起到互相补充的作用,法律保护可以有效地缩小所有者与经营者之间的目标差异,降低代理成本。LLSV①(1999)针对法律环境与资本市场之间的关系提出了"法与金融"的概念。这一观点认为公司所处市场的法律环境因素会对公司治理起到显著的影响,与股权结构是一种相互替代补充的关系。具体而言,法律特征、投资者保护以及资本市场的有效性三者之间互相影响。虽然从整体上来看,我国各地区所实施的法律应该是相同的,但是不同地区之间的中介组织发育以及法律服务等状况还是存在着较大的差别。国内学者李延喜等(2013)也对此问题进行了一定的研究。该文章主要以"法与金融"的概念和管制俘虏理论为出发点,以2001—2010年间中国沪深两市上市公司的面板数据为样本,发现包括政府干预程度、法治水平、金融发展程度等方面在内的外部治理环境,与上市公司的过度投资现象具有显著的负相关关系。

国内外学者对法律环境与公司现金持有水平之间的关系也展开了一系列的研究,例如,迪特马尔等(2003)的研究支持了股东保护与公司现金持有量负相关的观点。而国内学者张人骥和刘春江(2005)通过量化的方法来研究股东保护与公司现金持有水平之间的关系,也得出了相似的结论。从债务融资的角度来看,一个地区的市场中介组织的发育与法律服务越完善,越会促使债权人和公司之间达成借款的契约,并约束债权人准时、足额地向公司提供贷款,同时约束公司向债权人进行还本付息。此外,良好的市场中介组织的发育与法律服务,也会限制经营者做出损害债权人利益的经营决策。由此可以看出,某一地区完善的市场中介组织发育与法律服务既可以为股东提供更好的保护,也可以为债权人提供保护,弱化包括股东和债权人在内的资金提供者与资金使用者之间的目标冲突,减小他们之间的代理成本。可以看出,公司所在地区的市场中介的发育与法律服务越完善,公司越倾向于通过降低现金持有水平和提高负债

---

① 以 La Porta 为首的四位学者所做的系列研究,一般称为 LLSV 范式。四位学者在公司治理领域开创性地提出了"法与金融"的研究视角,将法律体系纳入到公司治理、资本市场发展、公司价值的研究中来,他们以49个国家为样本的一系列研究证实了一个国家的投资者保护程度与资本市场发展呈正相关关系,并间接作用于公司价值。

水平来释放财务柔性。

上市公司所在地区的市场化进程是一个更为综合的指标,其对于公司持有财务柔性的行为的影响主要表现是一个地区的市场化进程通常会影响到一家公司所面临的环境不确定性。市场化程度提高,公司经营者更能够利用自身的知识和经验来可靠地分析外部环境,并做出最符合公司价值最大化目标的现金持有行为和举债行为。但是在市场化程度不高的地区,公司可能会遇到政府的行政干预,此时公司不得不为此留出超额的现金准备或者保留举债能力。另外,市场化进程的落后也意味着市场中的经济摩擦更多,公司也同样需要超额的现金准备和举债能力来削平这些摩擦。可以看出,市场化程度的提高可以使企业释放财务柔性,将资金投入到更具价值的其他领域。此外,市场化程度的提高也会拓宽公司的融资渠道,增加融资的可能性。资本流通更为顺畅同样也是市场化程度高的表现之一。在这种环境下,公司可以更为便捷地从金融机构等方面获取其急需的资金,公司也就无须为抵御未来的不利冲击或者把握有价值的投资机会而在企业内部事先储备更多的财务柔性了。

基于上述分析,本部分将对以政府与市场关系、市场中介组织的发育与法律服务以及市场化进程为替代变量的外部治理机制与财务柔性持有行为之间的关系提出如下假设。

假设3a:公司所在地区的政府对市场的干预程度与公司财务柔性持有行为呈正相关关系,即公司所在地区的政府对市场的干预越少,公司越倾向于释放财务柔性。

假设3b:公司所在地区的市场中介组织的发育与法律服务与公司财务柔性持有行为呈负相关关系,即公司所在地区的市场中介组织的发育与法律服务水平越高,公司越倾向于释放财务柔性。

假设3c:公司所在地区的市场化进程与公司财务柔性持有行为呈负相关关系,即公司所在地区的市场化程度越高,公司越倾向于释放财务柔性。

6.2 研究设计

6.2.1 变量定义

(1)被解释变量:财务柔性增量。从前文的介绍中可知,目前对财务柔性的度量主要有单一指标法、双指标结合法和构建多指标综合体系等三种方法。在双指标结合法下,公司的财务柔性主要表现为现金柔性和负债柔性两者的结合。现金柔性就是公司能够及时调动现金储备的能力,而负债柔性就是公司需要资金时能够通过借债或者发行债券等方式进行债务融资的能力。根据财务柔性的定义和来源可知,一个公司的财务柔性是由现金柔性和负债柔性共同决定的,其中,现金柔性是由公司的超额现金持有量或者闲置资金决定的,而负债柔性主要源于公司的剩余举债能力。此外,借鉴已有相关文献的研究分析和结论发现,只有在中国现行资本市场的特殊管理制度下才存在上市公司对股权再融资的情况,所以本书不对权益柔性部分加以考虑。本书拟借鉴我国学者邓康林、刘名旭(2013)对财务柔性的度量方法,即财务柔性 = 现金柔性 + 负债柔性。其中现金柔性 = 公司的现金比率 − 行业现金比率均值,负债柔性 = 行业负债比率均值 − 公司的负债比率。在此基础上,财务柔性增量则是指相对于上一年,财务柔性水平的变动,即财务柔性增量 = 本期末财务柔性水平 − 上期末财务柔性水平。

(2)解释变量:外部治理机制(Gov – Out)。在我国 31 个省份和地区中,政府对市场的干预程度、市场中介组织的发育与法律服务以及市场化进程在不同地区都是有所不同的。基于前述部分的文献回顾与理论分析,本书同样采用樊纲、王小鲁和朱恒鹏(2011)编制的中国各地区市场化进程数据中的政府与市场的关系指数(Gov)、市场中介组织的发育和法律服务指数(Law)和市场化进程指数(Mar)作为公司外部治理机制的代理变量。同时,借鉴已有对我国不同地区市场化程度的相关研究,本书也采用樊纲等(2011)编制的《中国市场化指数——各地区市场化相对进程 2011 年报告》一书中的政府与市场关系得分、市场中介发育和法律服务得分以及市场化相对进程来作为不同地区市场化的替代变量,这样既可以保证本书所选数据的合理性,也可以保证其可得性。

具体而言,政府与市场的关系指数、市场中介组织的发育与法律服务指数以及市场化进程指数均是数值越高,即政府对市场的干预程度越低、中介组织和法律服务越健全以及市场化进程越快,表明该项外部治理机制越有效。由此可以认为,三个指标的得分排名在 1～15 名之间的外部治理机制程度较高。排名在 16～31 名之间的外部治理机制程度相对较差。

由于该书的指标只更新到 2009 年,本书也要对市场化数据与公司数据之间的不对应性加以考虑。在我国现有的研究中,主要出现了四种方法来解决这个问题。夏立军等(2005)以及李延喜等(2012)采用了"最新数据替代法",即该方法总是利用最新的数据来表示现在市场化程度;俞红海(2010)则采用了"增长率预测法",即根据前几年的平均变动来预测未来的市场化水平;徐光伟和刘星(2010)利用了"一元线性回归法"来预测未来的市场化进程;余明桂和潘红波(2009)以及刘志远和花贵如(2009)则采用了"以往数据平均法",即利用以往年度市场化的平均水平来作为未来市场化水平。为了更大程度地解决数据的不对应性,同时考虑到数据的可获得性与可靠性,本书采用第一种方法来对市场化进程相关的数据进行处理。虽然这样仍会产生数据年份不匹配的问题,但是考虑到我国不同地区的发展程度变化不大,因此也有合理之处。同时为了使数据不匹配的影响最小化,本部分将在稳健性检验中利用2007年、2008年和2009年对应的代表外部治理机制的指数和公司数据进行稳健性检验,以此来为本部分的结论提供更为坚实的证据。

(3)控制变量(Controls)。

公司规模。静态权衡理论认为,规模经济在一定程度上影响流动资产存量,大规模公司也会很容易从资本市场中筹集资金,因此公司规模会影响到公司对持有财务柔性行为的选择。本书选择公司规模作为控制变量。

成长性。Opleretal(1999)指出,公司的现金持有量与其所面临的投资机会是相关的。公司为了不放弃有价值的投资机会,不得不在公司内部储备一定量的现金。因此,成长快的企业,应该有更多的现金持有量。本书同样将成长性设为控制变量。

经营现金流。公司在生产经营过程中产生的现金流量可以用来预防未来的不利冲击或者把握住有价值的投资机会,因此本书也将经营活动的现金流量作为控制变量。

总资产周转率。总资产周转率是公司营业收入与总资产规模的比值,其反映了公司的经营效率。该指标越高,说明单位的经营周期较短,资产变现能力也较强,也会对现金持有和负债水平等财务政策有所影响。因此,本书将总资产周转率设为控制变量。

上市年限。根据生命周期理论,公司处于不同的生命周期阶段会采取不同的财务管理政策。对于上市年限而言,新上市的公司与已经上市一定时间的公司的财务政策也有所不同。因此,本书将上市年限设为控制变量。

同时,为了考虑不同行业以及不同年份对公司财务柔性持有行为的影响,本书同时加入了行业控制变量和年份控制变量。

6.2.2 模型设计

为了检验公司外部治理机制对财务柔性持有行为的影响,并结合上述变量定义,本部分建立下述的模型二:

$$\Delta FF = \beta_0 + \beta_1 Gov - Out + Controls + \varepsilon$$

根据本部分所提假设,通过判断 β_1 的系数来验证相关外部治理机制与财务柔性持有行为之间的关系。若系数为正,则说明该外部治理机制对财务柔性持有行为有促进作用;若系数为负,则说明外部治理机制促进了公司的财务柔性释放行为。

其中:ΔFF 代表被解释变量财务柔性增量。Gov - Out 是作为解释变量的外部治理机制,具体为政府干预程度、市场中介组织的发育与法律服务和市场化进程;Controls 代表控制变量,具体包括公司规模、成长性、现金流量、总资产周转率、上市年限和行业控制变量、年份控制变量。

为了验证所提出的假设三,本部分所设计模型中的各个变量形式及其具体计算方法见表6-1。

表6-1 变量的定义

变量类型	变量名称	变量符号	说明
被解释变量	财务柔性	ΔFF	本期末财务柔性 - 上期末财务柔性
解释变量 (Gov - Out)	政府干预程度	Gov	上市公司所在地政府干预程度指数; 数值越高,政府干预程度越低; 得分排名1~15取1,16~31取0
	市场中介组织的发育与法律服务	Law	上市公司所在地市场中介组织发育与法律服务指数;数值越高,中介组织和法律服务程度越高;得分排名1~15取1,16~31取0
	市场化进程	Mar	上市公司所在地市场化进程指数; 数值越高,市场化进程越快; 得分排名1~15取1,16~31取0

变量类型	变量名称	变量符号	说明
控制变量（Controls）	公司规模	Size	LN（公司固定资产）
	现金流量	Cashflow	经营活动现金流量净额/总资产
	成长性	Growth	（本期营业收入－上期营业收入）/上期营业收入
	总资产周转率	TAT	营业收入/总资产
	上市年限	Age	样本年度－上市年度
	行业变量	Industry	样本属于某行业则取1，否则取0
	年度变量	Year	样本属于某年则取1，否则取0

6.2.3　样本选取与数据来源

为了进行公司外部治理机制与财务柔性持有行为之间关系的实证分析，本部分以 2009—2014 年我国沪深两市 A 股上市公司为研究样本，相关数据除反映外部治理机制的相关数据来源于樊纲等（2011）编制的《中国市场化指数——各地区市场化相对进程 2011 年报告》外，模型中所需要的其他数据均来自于国泰安数据库。由于相关的指标需要用到上期的数据，所以本书实际数据采集区间为 2008—2014 年。

本文对原始样本进行了如下方式筛选以得到实证分析的最终样本：

（1）考虑到金融行业在资本结构等方面的特殊性，本书根据 2012 年证监会制定的行业分类标准，剔除了金融行业的样本公司；

（2）剔除 2009—2014 年间各年 ST 和 * ST 样本公司；

（3）剔除当年上市的样本公司；

（4）剔除具有异常值的样本公司；

（5）剔除缺失值样本公司。

经过上面步骤的数据处理，本书最终获得了为期 6 年 14 个行业的 11 239 个样本观测值。同时，考虑到变量数据的极端值会对本书的研究结果产生影响，因此，本书也将对所有连续变量的 1% 和 99% 以外的数据进行 Winsorize 处理。

本部分的所有数据处理均使用了 Excel2013 和 Stata12 等软件。

6.3 实证结果与分析

6.3.1 描述性统计分析

为了对各变量的数据做一个整体上的了解,本部分首先对各主要变量进行描述性统计分析,以观察各主要变量的数值特征。表6-2报告了模型中各主要变量的描述性统计分析结果。

表6-2 各主要变量描述性统计

变量	均值	中位数	最小值	最大值	标准差	样本数量
ΔFF	-0.033	-0.025	-1.60	1.744	0.139	11 239
Gov	0.778	1	0	1	0.78	11 239
Law	0.809	1	0	1	0.81	11 239
Mar	0.794	1	0	1	0.79	11 239
Size	20.089	20.005	7.593	27.279	1.687	11 239
Growth	0.205	0.119	-0.851	14.353	0.573	11 239
Cashflow	0.041	0.041	-0.404	0.523	0.077	11 239
TAT	0.671	0.548	0.000 7	9.310	0.558	11 239
Age	9.453	10	1	24	5.985	11 239

关于财务柔性增量、公司规模、成长性、现金流量、总资产周转率和上市年限的描述性统计结果与第五章一致,此处不再赘述。

政府对市场的干预程度的均值为0.778,中位数为1,标准差为0.78;市场中介组织的发育与法律服务的均值为0.809,中位数为1,标准差为0.81;市场化进程的均值为0.794,中位数为1,标准差为0.79。可以看出三个指标的分布大体相似,且我国上市公司大多数还是处于政府对市场干预程度低、市场中介组织的发育与法律服务水平高和市场化进程快的地区,这也可以在一定程度上反映出我国不同地区经济发展的不平衡性。

为了更为具体地说明本书所选取市场化指标的度量方式,表6-3列示出了我国2009年各省市政府对市场干预程度、市场中介组织的发育与法律服务和市场化进程的排名情况。

表6-3 各省市外部治理机制指标排名

省市	政府与市场关系	市场中介组织的发育与法律服务	市场化进程
北京	9(1)	4(1)	5(1)
天津	7(1)	6(1)	6(1)
河北	16(0)	20(0)	17(0)
山西	24(0)	21(0)	23(0)
内蒙古	26(0)	23(0)	20(0)
辽宁	17(0)	7(1)	9(1)
吉林	21(0)	16(0)	18(0)
黑龙江	18(0)	17(0)	22(0)
上海	2(1)	1(1)	3(1)
江苏	1(1)	3(1)	2(1)
浙江	3(1)	2(1)	1(1)
安徽	5(1)	12(1)	12(1)
福建	6(1)	8(1)	7(1)
江西	14(1)	18(0)	14(1)
山东	8(1)	9(1)	8(1)
河南	13(1)	14(1)	11(1)
湖北	11(1)	13(1)	13(1)
湖南	20(0)	15(1)	16(0)
广东	4(1)	5(1)	4(1)
广西	15(1)	26(0)	21(0)
海南	22(0)	24(0)	19(0)
重庆	10(1)	10(1)	10(1)
四川	12(1)	11(1)	15(1)
贵州	25(0)	29(0)	27(0)
云南	19(0)	22(0)	24(0)
西藏	31(0)	31(0)	31(0)

省市	政府与市场关系	市场中介组织的 发育与法律服务	市场化进程
陕西	23(0)	19(0)	26(0)
甘肃	28(0)	27(0)	29(0)
青海	30(0)	30(0)	30(0)
宁夏	27(0)	28(0)	25(0)
新疆	29(0)	25(0)	28(0)

注:括号中表示按照本书的定义相关外部治理机制变量的取值。

资料来源:樊纲,王小鲁,朱恒鹏. 中国市场化指数——各地区市场化相对进程2011报告[M]. 第一版. 北京:经济科学出版社,2001;295,296,316.

6.3.2 相关性分析

在描述性统计分析的基础上,本部分将利用相关性分析来进一步分析主要变量之间的相关关系。表6-4报告了模型中各主要变量之间的皮尔森相关系数。

表6-4 各主要变量相关性分析

变量	ΔFF	Gov	Law	Mar	Size	Growth	Cashflow	TAT	Age
ΔFF	1								
Gov	-0.060**	1							
Law	-0.068**	0.742**	1						
Mar	-0.063**	0.877**	0.863**	1					
Size	0.088**	-0.081**	-0.095**	-0.077**	1				
Growth	-0.044**	0.000	-0.012	-0.009	-0.036**	1			
Cashflow	0.135**	0.024**	0.014	0.021*	0.202**	0.009	1		
TAT	0.056**	0.062**	0.055**	0.055**	0.114**	0.046**	0.100**	1	
Age	0.313**	-0.116**	-0.121**	-0.108**	0.134**	0.005	-0.014	0.064**	1

注:** 表示在1%水平上(双侧)显著相关,* 表示在5%水平(双侧)上显著相关。

从表6-4中可以看出,财务柔性增量与政府干预程度的相关系数为-0.060,与市场中介组织的发育与法律服务的相关系数为-0.068,与市场化进程的相关

系数为 -0.063，且三者均在 1% 的水平上显著。可以看出财务柔性增量与外部治理机制均呈现出负相关的关系，这也可以对本部分所提出的假设 3a、假设 3b 和假设 3c 进行初步的验证。

控制变量与各解释变量之间的相关系数绝对值的最大值仅为 0.116，并且控制变量之间的相关系数均较小，绝对值的最大值为 0.202，从以上的变量之间的相关系数可以初步判断它们之间不存在多重共线性问题。为了进一步检验多重共线性问题，本部分也将在多元回归分析部分通过方差膨胀因子进一步判断变量之间的多重共线性问题。

6.3.3 多元回归分析

前面已经对本部分涉及的变量进行了描述性统计分析和相关性分析，本部分将利用模型二进行多元回归分析，以进一步分析外部治理机制与财务柔性持有行为之间的关系，并以此来验证本部分所提出的假设。表 6-5 报告了回归结果。

表 6-5　外部治理机制与财务柔性持有行为关系的多元回归分析

变量	(3a) 系数	(3b) 系数	(3c) 系数
截距	-0.197^{***} (-12.948)	-0.193^{***} (-12.597)	-0.195^{***} (-12.780)
Gov	-0.011^{***} (-3.778)		
Law		-0.014^{***} (-4.427)	
Mar			-0.013^{***} (-4.455)
Size	0.001 (0.770)	0.000 (0.664)	0.001 (0.737)
Growth	-0.015^{***} (-6.944)	-0.015^{***} (-6.999)	-0.015^{***} (-6.985)
Cash flow	0.292 *** (18.132)	0.292 *** (18.131)	0.293 *** (18.146)

续表

变量	(3a) 系数	(3b) 系数	(3c) 系数
TAT	0.006 *** (2.595)	0.006 *** (2.629)	0.006 (2.616)
Age	0.007 *** (35.344)	0.007 *** (35.256)	0.007 (35.349)
年度	控制	控制	控制
行业	控制	控制	控制
R^2	0.168	0.168	0.168
$Adj - R^2$	0.167	0.168	0.168
F 值	206.066 ***	206.647 ***	206.674 ***
N	11 239	11 239	11 239

注:(1)括号中是 t 值;(2) *、**、*** 分别表示在 10%、5%、1% 水平上显著。

从整体上来看,三组回归的 F 值分别为 206.066、206.647 和 206.674,均在 1% 水平上显著,说明选取的外部治理机制和相关控制变量能够对财务柔性增量有一定的解释能力,模型设计整体上较为合理。同时,由于篇幅有限,本书并未报告各变量的 VIF 值,但是其结果也进一步地说明了变量之间不存在严重的多重共线性问题。

表 6-5 中第(3a)列反映了政府对市场干预程度对财务柔性增量的影响效果。反映政府干预程度的系数为 -0.011,且在 1% 水平上显著相关。在政府干预评价方面,指数越高,也就是政府对市场的干预程度越小,则企业越倾向于释放财务柔性,这也就验证了本部分所提出的假设 3a 成立。第(3b)列中反映市场中介组织的发育与法律服务与财务柔性增量的系数为 -0.014,且在 1% 水平上显著,说明公司所在地区的市场中介组织的发育与法律服务水平越完善,公司越倾向于释放财务柔性,也验证了本部分提出的假设 3b 成立。与此类似,第(3c)列中反映地区市场化进程与财务柔性增量的系数为 -0.013,且在 1% 水平上显著,也同样说明地区市场化进程越快,则公司越倾向于释放财务柔性,验证了本部分所提的假设 3c。

在控制变量方面,现金流量、总资产周转率和上市年限均与财务柔性增量具有显著的正相关关系。成长性则与财务柔性增量具有显著的负相关关系。公司规模与财务柔性增量并不存在显著的相关关系。

6.3.4　稳健性检验

前面依次通过描述性统计分析、相关性分析以及多元回归分析等方法,对本部分所提出的假设进行了一一检验。为了使本书能够得出更为稳定的结论,本部分将在财务柔性增量的度量和外部治理机制相关数据的对应等两方面进行稳健性检验。

(1)财务柔性增量的度量。与上一章稳健性检验类似,本部分改变利用连续变量度量财务柔性增量的方式,转而利用虚拟变量度量财务柔性增量。具体而言,当财务柔性增量大于 0 时,则 ΔFF 取 1,表示企业增加财务柔性的行为;当财务柔性增量小于 0 时,则 ΔFF 取 0,表示企业减少财务柔性的行为。

仍利用模型二进行稳健性检验,表 6-6 报告了采用虚拟变量对财务柔性增量进行度量后,其与外部治理机制之间的关系。

表 6-6　外部治理机制与财务柔性持有行为关系的稳健性检验(1)

变量	(3a') 系数	(3b') 系数	(3c') 系数
截距	0.004 (0.078)	0.010 (0.183)	0.006 (0.117)
Gov	−0.025 ** (−2.362)		
Law		−0.028 ** (−2.521)	
Mar			−0.027 ** (−2.509)
Size	−0.004 (−1.443)	−0.004 (−1.485)	−0.004 (−1.444)
Growth	−0.023 *** (−3.009)	−0.023 *** (−3.039)	−0.023 *** (−3.030)

续表

变量	(3a') 系数	(3b') 系数	(3c') 系数
Cashflow	1.235 *** (21.411)	1.235 *** (21.404)	1.235 *** (21.410)
TAT	0.029 *** (3.699)	0.029 *** (3.703)	0.029 *** (3.694)
Age	0.022 *** (30.152)	0.022 *** (30.117)	0.022 *** (30.185)
年度	控制	控制	控制
行业	控制	控制	控制
R^2	0.131	0.131	0.131
$Adj - R^2$	0.130	0.130	0.130
F 值	153.274	153.355	153.349 ***
N	11 239	11 239	11 239

注:(1)括号中是 t 值;(2) *、**、*** 分别表示在 10%、5%、1% 水平上显著。

表 6 - 6 中反映政府干预程度的系数为 - 0.025,且在 5% 水平上显著;反映市场中介组织的发育与法律服务的系数为 - 0.028,且在 5% 水平上显著;反映市场化进程的系数为 - 0.027,且在 5% 水平上显著。可以看出,虽然反映外部治理机制的各变量系数的显著性有所下降,但是利用虚拟变量度量财务柔性增量进行稳健性检验的结果与多元回归分析所得的结果趋于一致,这也为本部分所提出的假设提供了进一步的支持证据。

(2)外部治理机制数据与公司数据的对应。在前面的分析中,反映外部治理机制的数据均来自于 2009 年,而反映公司其他方面指标的数据则分别来自于 2009—2014 年,由此造成了数据不匹配的状况。因此,在稳健性检验中将利用 2007—2009 年每一年相互对应的外部治理机制数据和公司数据进行回归检验。

仍利用模型二对来自 2007—2009 年的数据进行稳健性检验,表 6 - 7 报告了回归结果。

表6-7　外部治理机制与财务柔性持有行为关系的稳健性检验(2)

变量	(3a") 系数	(3b") 系数	(3c") 系数
截距	0.121 *** (2.775)	0.124 *** (2.856)	0.123 *** (2.826)
Gov	-0.009 (-1.255)		
Law		-0.013 * (-1.685)	
Mar			-0.013 (-1.618)
Size	-0.008 *** (-3.719)	-0.008 *** (-3.750)	-0.008 *** (-3.718)
Growth	0.006 *** (55.551)	0.006 *** (55.562)	0.006 *** (55.562)
Cashflow	0.279 *** (7.076)	0.278 *** (7.051)	0.279 *** (7.076)
TAT	0.002 (0.265)	0.002 (0.278)	0.002 (0.301)
Age	0.005 *** (6.607)	0.005 *** (6.672)	0.005 *** (6.635)
年度	控制	控制	控制
行业	控制	控制	控制
R^2	0.475	0.475	0.475
Adj - R^2	0.474	0.474	0.474
F 值	440.153	440.452	440.401
N	3 902	3 902	3 902

注:(1)括号中是 t 值;(2) *、**、*** 分别表示在10%、5%、1%水平上显著。

从表6-7中可以看出,政府干预程度的系数为-0.009,虽然没有显著性,但是系数仍为负,这仍可以在一定程度上为本书所提假设3a提供验证效果。反映市场中介组织的发育与法律服务的系数为-0.013,在10%水平上显著,这也再一次验证了本书所提出的假设 3b 的成立。市场化进程的系数为 -0.013，虽然并不显著，但是符号仍与预期相同，这也可以为假设 3c 提供一定程度的支持。

6.4　本章小结

本章选取了 2009—2014 年间在沪深两市 A 股上市的公司为研究对象，共获得 11 239 个样本来进行实证研究。在控制了公司规模、公司成长性、现金流量、总资产周转率、上市年限以及样本公司所属行业和所属年份后，对外部治理机制与财务柔性持有行为之间的关系展开了研究。具体的外部治理机制主要包括政府的干预程度、市场中介组织的发育与法律服务以及市场化进程等因素。

本章的研究结果表明，公司外部治理机制，如政府对市场干预程度、市场中介组织的发育与法律服务以及市场化进程均会对公司财务柔性持有行为产生显著的影响。具体而言，当地政府对市场干预的程度越低、公司所在地的市场中介组织的发育与法律服务水平越高、公司所在地的市场化进程越快，则公司越倾向于释放一定规模的财务柔性。当外部治理机制更为健全的时候，一方面公司所面临的环境不确定性会有所下降，不必要为完成政府施加的社会目标和削平市场摩擦而储备更多的财务柔性；另一方面，外部治理机制的完善也可以为公司拓宽融资渠道，增加融资可能性，这样公司也不必在内部通过持有超额现金或保留举债能力来获取财务柔性了。

最后，为了验证研究结果的合理性和准确性，本部分分别用虚拟变量替代连续变量来度量财务柔性增量和利用 2007—2009 年对应的数据两种方法对本部分所提出的假设进行了稳健性检验。回归分析的结果与稳健性检验的结果基本保持一致，均可以为本部分的假设提供支持性证据。

7

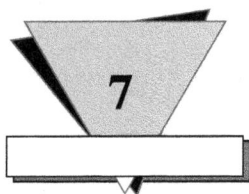

内外部治理机制对财务柔性与公司价值关系影响的实证分析

在前面两部分对公司内外部治理机制与财务柔性持有行为之间关系进行了实证分析的基础上,本部分将研究视角转向公司内外部治理机制对财务柔性价值效应的影响上来。在研究内容上,本部分将对以下三方面的内容展开研究:第一,对公司储备的财务柔性与公司价值之间的关系进行研究,以分析公司通过储备财务柔性是提高了公司价值还是损害了公司价值。第二,研究以股权结构和董事会结构为代表的公司内部治理机制在公司储备的财务柔性与公司价值之间关系的调节作用。第三,研究以市场化为代表的公司外部治理机制在公司储备的财务柔性与公司价值之间关系的调节作用。

在结构安排上,本部分首先将进行理论分析,根据前文提出的理论对财务柔性与公司价值之间的关系,以及内外部治理机制在二者关系之间的调节作用进行分析,并提出本部分的研究假设。其次是研究设计,具体包括变量定义、模型设计以及样本选取与数据来源。最后是实证结果与分析,将依次利用描述性统计分析、相关性分析、多元回归分析以及稳健性检验等对本部分提出的研究假设进行验证。最后是本章小结,将对本部分的研究内容进行总结。

7.1 理论分析与研究假设

7.1.1 财务柔性与公司价值的关系

根据经典的公司价值理论,公司进行理财活动的目标是使公司价值最大化。因此,公司在理财活动中注意保持一定量的财务柔性也应该对公司价值有提升作用。根据"成本—效益原则",公司进行任何财务活动都会引发财务成本,同时也会带来价值方面的收益。

从现有的文献来看,对财务柔性的研究多是从持有超额现金和保留剩余举债能力两个方面进行分析的,而公司进行这两方面的财务决策都会在资金所有者与经营者之间引发代理成本,进而损害公司价值。根据委托代理理论,股东将资金投入公司后,就由经营者负责公司的日常生产经营活动了,但是二者对于资金应用所要实现的目的却存在着差异。从股东的利益出发,公司进行的所有生产经营活动都应该有助于实现股东投入资本的保值增值。而从经营者自身的利益出发,他们更希望在完成受托责任之外也能够掌握更多的资源,控制更大的自由现金流,享受更多的在职消费和更为优越的工作环境。根据信息不对称理论,经营者相较于股东掌握更多的信息,也因此有能力、有动机做出对自己有利却损害公司价值的生产经营行为。根据自由现金流理论,经营者掌握着对公司自由现金流的控制权,所以经营者既可能将自由现金流花费在满足个人消费需求上,也可能利用自由现金流进行盲目的扩张投资,以满足自身建立"商业帝国"的需求。可以看出,将过多的自由现金留存于公司内部很可能会在股东和经营者之间引发更为严重的代理冲突。另外,公司与债权人之间的关系是通过订立债务契约形成的。在二者的契约中,债权人通常会设定资金用途、举债规模、风险控制等限制性条款,这些条款对经营者有很大的约束力。因此,公司通过向外举债一方面可以缓解自身的资金压力,另一方面也可以利用债权人对经营者的约束来缩小所有者与经营者之间的目标差异。如果公司的举债规模较小,保留了较多的剩余举债能力,则可能会削弱债权人的约束力度,使得经营者更容易为了实现自身的利益需求而做出有损于公司价值的行为。

但是,在当前公司经营环境中不确定性因素越来越多的情况下,公司通过储备财务柔性的行为也可以为公司价值的提高做出贡献。根据战略管理理论,公司进行战略管理主要是为了提高对环境的适应能力,并以此实现公司的战略目标。公司在财务活动中保持一定量的财务柔性,一方面可以有更充足的资源来应对环境中的突发情况,同时也可以为战略的实施提供强有力的资金支持。公司从战略的高度持有财务柔性也可以为战略的顺利实施和公司价值的提高做出一定的贡献。此外,根据学习理论,公司会不断地在生产经营中吸取到经验和教训,并以此来指导未来的生产经营活动。近些年来,尤其是美国的次贷危机、欧洲的主权债务危机等都为企业的财务管理活动敲响了警钟,公司也从这一系列的金融危机中意识到保持财务柔性对于公司正常的生产经营、价值提升等的重要作用。

国内外学者也对财务柔性与公司价值之间的关系展开了一系列的研究。比利特等(Billett 和 Garginkel,2004)将财务柔性理解为公司从外部以低成本获取资金的能力,并以美国银行集团为样本对财务柔性与公司价值之间的关系进行了研究。其结果表明储备了财务柔性的银行既可以利用资本价差进行套利,也可以以较低的成本进入资本市场,这两种方式都可以提高银行集团的价值。从财务柔性的"预防属性"出发,阿尔斯兰等(2010)和曾爱民等(2011)分别采用事件研究的方法对 1997 年东南亚金融危机和 2007 年全球金融危机进行了研究。以上两篇论文的研究皆表明在危机爆发前储备财务柔性水平较高的公司，在应对危机时具有更强的筹资能力，其在危机后的投资能力也明显高于在危机前未储备财务柔性的公司，并且危机前储备财务柔性的公司的业绩水平也明显高于危机前未储备财务柔性的公司。由于公司储备财务柔性是为了应对未来的事件，因此其也被认为具有期权的特征。Trigeorgis（1993）和赵自强等（2005）分别从期权角度对财务柔性进行了研究，认为财务柔性的储备能够帮助公司抓住更多有价值的投资机会以及避免一些不利因素对公司的影响，进而提高了公司价值。

通过上述对相关理论的分析和对已有文献的梳理，本书认为在不确定性越来越强烈的环境之下，公司储备的财务柔性更能够体现出其战略价值，能够帮助企业应对未来的不利冲击并把握有价值的投资机会，体现了公司储备财务柔性所表现出来的"预防属性"和"利用属性"，因此本部分针对公司储备的财务柔性与公司价值之间的关系提出如下假设。

假设 4：公司储备的财务柔性与公司价值呈正相关关系，即公司通过储备财务柔性可以提高公司价值。

7.1.2　内部治理机制对财务柔性与公司价值之间关系的影响

（1）股权结构对财务柔性与公司价值之间关系的影响。从公司治理的内涵可以看出，公司股权结构的不同会引起不同的内部治理机制效果。在我国资本市场还不算发达以及对国有公司股权结构有特殊要求等背景下，我国上市公司通常会出现大股东控制的情况，并且股权集中度也比较高。

当存在大股东控制或者股权相对集中的情况下，此种股权结构究竟会给公司价值带来何种影响，现有的研究认为其与具有控制权的股东所拥有的股份比例有关系，进而提出了两种截然相反的影响效应："壕沟效应"和"协同效应"。通常认为，当具有控制权的股东所拥有的股份并不太高时，此时具有控制权的股东可能会为了自己的私利，而从公司中攫取利益，损害公司整体的利益，这就表现为"壕沟效应"。当具有控制权的股东所拥有的股份持续上升以后，该股东会把公司的利益和自己的利益视为同样重要，此时其行为更多地体现出"协同效应"。国内外诸多学者对这两种效应也进行了实证研究。金等（Kim and Dumev, 2005）的研究发现，股权集中度越高，具有控制权的股东对企业的支持越大,也就是越表现出"协同效应"。国内学者李增泉等 (2004)、徐向艺和张立达(2008)等也对其展开了研究,他们的研究结果也表明了控股股东持股比例在极大或极小两个极端情况下行为是不同的。当大股东持股比例较低时,表现为"壕沟效应";而当大股东持股比例较高时,则表现为"协同效应"。

上市公司的大股东持股比例以及股权集中情况在财务柔性与公司价值之间关系上究竟起到的是"壕沟效应"还是"协同效应"仍需要实证检验。不过基于我国上市公司中存在着较多的家族企业和国有公司,这些公司的大股东持股比例均较高,股权集中情况也较为严重,因此本书认为这些公司主要表现出"协同效应",即大股东持股比例越高、股权越集中,公司储备的财务柔性对公司价值的提升作用越大。

随着中国改革开放的不断深入,中国公司不仅仅在产品市场上奉行"走出去"的战略,与此同时,在资本市场上也有越来越多的上市公司选择同时在境外的资本市场中上市,这就形成了交叉上市的局面。交叉上市作为一种股权结构方面的配置机制可以为公司带来诸多益处。首先是公司选择交叉上市本身就可以对公司绩效的提升有所帮助。覃家瑰和刘建明(2010)也对上市公司采取交叉上市的方式与其公司业绩之间的关系进行了研究,并分别以 ROA、托宾 Q 以及二者综合的方法来度量公司业绩。其次,交叉上市的公司能够使其公司治理机制更为完善,计方等(2011)的研究发现,公司选择在不同资本市场上市,可以通过建立更复杂的股权制衡来对没有实际意义的关联交易加以控制。再次,公司选择在沪、深两市以外的资本市场上市,在拓宽了融资渠道的同时,也会为公司带来更多的投资机会,比如张俊瑞等(2011)的研究就证实了交叉上市为公司带来更多投资机会的作用。最后,公司选择交叉上市对其持有的现金价值也会有所影响。孙刚(2011)利用福克恩德等(2006)以及迪特马尔等(2007)曾经提出的现金持有价值的衡量方法,检验了我国交叉上市公司所持有现金市场价值的差异。研究结果表明,在 2001—2006 年间,外资持股公司所持有的现金价值显著高于同类型规模的 A 股公司。曹森(2012)从交叉上市对现金价值折损的角度进行了研究,结果表明选择交叉上市的公司持有现金的价值折损并不严重。可以看出,公司选择交叉上市既可以为其带来更广阔的融资渠道和更多的投资机会,也会因为境外资本市场更为严苛的市场监督环境和信息披露要求而对经营者提出更为严格的约束,以此来保证拥有的资金或举债能力的价值。基于上述原因,本书认为交叉上市公司持有的财务柔性能够对提高公司价值起到更大的作用。

通过以上分析,本部分针对股权结构方面的内部治理机制,具体为第一大股东持股比例、股权集中程度以及交叉上市等对公司储备的财务柔性与公司价值之间关系的影响提出以下假设。

假设5a:公司第一大股东持股比例越大,公司储备的财务柔性对公司价值的提高作用越大。

假设5b:公司股权集中度越高,公司储备的财务柔性对公司价值的提高作用越大。

假设5c:公司选择交叉上市,公司储备的财务柔性对公司价值的提高作用越大。

(2)董事会结构对财务柔性与公司价值之间关系的影响。在公司的组织结构中,股东大会、董事会和经营者三者之间应该各司其职。其中,董事会在三者之间应该起到"承上启下"的作用,要代表众多的股东对经营者起到监督和约束的作用。为了充分履行这一职责,就需要在一定程度上保持董事会与经营者之间的独立性。董事长是由股东在董事中选拔出来的,其负责董事会的召集等工作,而总经理又是由董事会选任的,如果董事长与总经理两个职务没有实现分离,那么公司的决策层、监督层和经营层三者之间的界限就会变得模糊,这样不利于董事会对经营者进行监督与约束。在我国"一股独大"的现象较为严重的情况下,董事长通常由第一大股东指派的董事担任,如果再由其担任总经理,就会使三者之间的关系更为模糊甚至是混同。由大股东指派的董事长不一定具有经营管理方面的能力和经验,由其担任总经理只能符合大股东的利益,却无法实现公司价值提高的目标。与此相反,如果董事长与总经理由不同人员担任,则可以在一定程度上保持董事会的独立性,其对经营者的监督与约束的力度也会更强。董事长与总经理两个职务的分离也同样会对外界传递出公司治理更为有效的信号,吸引更多投资者的投资。对于公司储备的财务柔性而言,如果有更为独立的董事会对经营者的行为进行监督,那么公司储备的财务柔性对公司价值的提高作用也会更大。

董事履行其职责的前提条件包括独立性与专业性,为了弥补由股东选派的董事在这两方面的不足,上市公司在实务中引入了独立董事制度。理论上来说,独立董事要独立于公司和大股东,因此其做出的判断会从提高公司整体的价值出发。同时,公司在选任独立董事时也很注重其在战略、财务、人力资源等方面的专长,使其能够为公司的发展提供意见和帮助。但是在实际操作中,独立董事制度的一些缺点也饱受理论界和实务界的诟病。比如独立董事是否能够真正独立于公司和大股东。独立董事也要由股东大会决定任命,这种情况下很有可能大股东会选择对自己有利的人选担任独立董事,通常用形式上的独立来掩盖实际的不独立。此外,独立董事通常还有其自身的工作,并且也可能同时担任若干家上市公司的独立董事。考虑到每个人的精力都是有限的,如此分散的工作必然对其在每一家上市公司中履行独立董事职责造成影响。最后,独立董事有在上市公司间营造良好声誉的诉求,不给经营者制造障碍也被视为一种良好的声誉。综合以上原因,独立董事制度也可能仅仅是一枚橡皮图章,无法发挥其理论上应该有的作用。那么,独立董事在董事会中的比例对公司储备的财务柔性与公司价值之间关系的影响究竟如何,也需要做实证研究来进一步检验。

董事会履行职责的方式是会议制,这种制度在处理某一方面专业问题或突发事件时会遇到诸多的困难。为了克服这些困难,实务中的解决办法之一是在董事会下设置各个专业委员会。根据国际和国内的相关文件规定,董事会下设置的专业委员会应当包括战略委员会、审计委员会、提名委员会以及薪酬与考核委员会。这些专业委员会各司其职,监督并约束经营者在某些特殊事项中的管理行为。比如,战略委员会可以为公司制定的战略向经营者做出更为详细的解释,同时监督经营者的生产经营行为,包括理财行为是否有助于战略目标的实现。审计委员会可以对公司的内部控制的有效性、财务报表的合规性等起到监督作用。通过审计委员会的监督,经营者的行为要更符合内部控制的要求,其行为要为公司的整体利益负责,而不是为了自身的私利。提名委员会和薪酬与考核委员会对经营者的任命、考核、激励以及升迁等环节起到监督和指导作用。通过对这些与经营者利益密切相关的活动的控制,可以抑制经营者的利己行为。通过对董事会下设置的专业委员会职责的分析可以看出,公司在董事会下设置的专业委员会数目越多,越有助于缩小所有者与经营者之间的目标差异,使经营者的行为更有助于公司价值的提高,这其中也包括公司储备财务柔性的行为。

通过以上的理论分析并结合我国上市公司在董事会结构方面的具体实务操作情况,本部分针对董事会结构对财务柔性与公司价值之间关系的影响提出以下假设。

假设 6a：公司董事长与总经理两权分离程度越大，公司储备的财务柔性对公司价值的提高作用越大。

假设 6b：公司独立董事比例越高，公司储备的财务柔性对公司价值的提高作用越大。

假设 6c：公司董事会下设置专业委员会个数越多，公司储备的财务柔性对公司价值的提高作用越大。

7.1.3 外部治理机制对财务柔性与公司价值之间关系的影响

根据区域经济不平衡增长理论，在工业化过程中，不同区域经济增长不平衡是一个必经的阶段。我国疆域辽阔，而且东部地区、东北地区、中部地区以及西部地区等不同区域内的经济增长也存在着较大的差异。这种地区间经济增长的差异在政府对市场的干预程度、市场中介组织的发育与法律服务以及市场化进程等方面也有所体现。公司进行理财行为的效果不仅仅受到内部治理机制的影响，所处区域的经济增长大环境也同样会对其有所影响。竞争理论认为，"适者生存，优胜劣汰"是公司发展的不变法则。公司的生存、发展就是一个不断适应环境的过程。面对着不同经济发展状况的外部环境，公司的行为也会有所不同。

具体到本书所选取的三项外部治理机制而言，政府对市场的干预程度表现为政府这只"看得见的手"对公司行为的影响。根据公司价值理论，公司开展的生产经营活动是为了实现公司价值最大化。但是政府为了实现其经济发展平稳化、社会福利最大化、就业充分化等社会目标会给公司施加额外的经营压力，使公司代其完成这些社会目标。在这种情况下，公司的行为也必然会偏离其自身的价值目标。公司无法准确地判断其所处环境中的不确定性，此时储备财务柔性的目的除了应对其自身生产经营方面的不确定性外，还需要额外地应对政府施加的为完成社会目标而开展的工作。从实现公司价值最大化的理财目标出发，这种干预必然会带来负面的影响。与此相反，如果公司所在地区政府对市场的干预较小，那么公司就可以完全从实现公司价值最大化的目标出发来进行理财活动，其储备的财务柔性对公司价值的提高作用也就会更大。

市场中介组织的发育与法律服务表现出了所在地区市场中介和法律环

境的发展状况。在社会分工越来越精细化的趋势下,公司的很多业务并不是由其亲自完成的,而是采取外包给中介机构的方式来完成。中介机构通常由具有某一方面专长的人员构成,比如法律、会计、评估等,其在该领域具有更扎实的知识和更丰富的经验。通过这种外包安排,一方面公司可以利用中介机构的专长更准确、迅速地进行风险的识别、分析与评价等活动,并由其代公司制定出可行的应对方案,提高风险管理效率。另一方面,公司也可以将有限的资源投入到其自身的核心业务上,集中优势力量来实现公司目标。法律环境是一个重要的外部环境因素。一个良好的法律环境既可以对公司的行为有指导作用,告诉公司"应该做什么",同时也会对公司"不应该做什么"给予一定的警示作用。在这样的法律环境下,经营者也会更加从公司整体的利益出发来做出与现金持有和资本结构相关的管理决策,缩小所有者与经营者之间的代理成本。

市场化进程是一个更为综合性的指标,可以从整体上对公司外部治理机制做出衡量。市场化进程高既可以说明该地区的竞争更为充分,又可以代表该地区的市场摩擦较小。根据竞争理论,公司在"适者生存,优胜劣汰"的市场法则下,需要培养并发挥自身的核心竞争力,以此在行业竞争中求得生存和发展。在市场化进程较高的地区,公司可以更好地按照市场规律来进行生产经营,不会受到更多的非市场因素的干扰。同时,较高的市场化程度也代表着市场中的摩擦会减小,公司无须为市场摩擦支付更多的成本,这种摩擦的减小既表现在经营者会出于对公司整体利益的考虑来持有现金,也表现为公司从外部举债变得更为容易有效。因此,市场化进程的提高使得公司储备的财务柔性能够在公司价值的提高方面发挥出更大的作用。

通过以上针对政府对市场的干预程度、市场中介组织的发育与法律服务以及市场化进程对公司储备的财务柔性与公司价值之间关系的影响,本部分提出如下假设。

假设7a:公司所在地区政府对市场的干预程度越低,公司储备的财务柔性对公司价值的提高作用越大。

假设7b:公司所在地区市场中介组织的发育与法律服务水平越高,公司储备的财务柔性对公司价值的提高作用越大。

假设7c:公司所在地区市场化程度越高,公司储备的财务柔性对公司价值的提高作用越大。

7.2　研究设计

7.2.1　变量定义

（1）被解释变量:公司价值（托宾 Q 值）。从管理学的角度来说,公司价值是指公司使得其自身的利益相关者均能获得满意回报的能力;从经济学的角度来看,公司价值与公司的财务决策密切相关。国内外的学者采用过很多不同的变量来衡量公司的价值,姜宝强和毕晓方（2006）、万小勇和顾乃康（2011）等学者均采用了托宾 Q 值作为衡量公司价值的指标;汪东红和王海刚（2008）采用了市净率来衡量公司的价值;张海（2008）采用了净资产收益率（ROE）作为公司价值的衡量指标;张佳（2010）在其研究中采用了总资产市场价值和总资产账面值的比值（MB）来代表公司的价值。考虑到本书研究的内容是财务配置等与资本市场有关的问题,所以本书采用与姜宝强和毕晓方等学者相同的方法,采用公司的托宾 Q 值作为衡量公司价值的指标。

托宾 Q 值为公司的市场价值与资本重置成本之比。由于该值属于相对性的比值,因而能够不受公司规模的限制衡量公司创造的价值,也便于不同类型公司间的比较。当托宾 Q 值大于 1 时,表明公司创造的价值量大于公司投入的资产量,属于“价值创造者”,且其值越大,公司创造价值的能力越强;相反地,当托宾 Q 值小于 1 时,表明公司创造价值的量小于公司投入的资产量,属于“价值缩减者”,且其值越小,价值的减损也越严重。

在具体计算托宾 Q 值的时候,需要利用公司相关资产的重置成本,但是在我国的资本市场环境下,这一点很难实现。因此,本书借鉴已有文献的相关做法,用公司总资产的账面价值来替代重置成本。钟等（Chung and Pmitt,1994）的研究也为此种替代提供了一定的依据。

（2）解释变量:财务柔性。与前面章节中度量财务柔性增量的方法类似,本部分在单一指标法、双指标结合法和多个指标综合体系法等财务柔性测量方法中,仍选取双指标结合法,即同时从现金柔性和负债柔性两个方面结合来测量财务柔性。

在具体的测量方法上,借鉴邓康林、刘名旭（2013）对财务柔性的度量方法。财务柔性＝现金柔性＋负债柔性。其中现金柔性＝公司的现金比率－行业现金比率均值,负债柔性=行业负债比率均值-公司的负债比率。为了体现出公司储备财务柔性从战略等角度出发导致提高公司价值的作用具有一定的滞后性,同时也是为了避免所设计的研究模型中的内生性等问题,本部分的财务柔性采用滞后一期的数据。

(3)解释变量:内部治理机制。第一大股东持股比例,本书利用公司第一大股东所持股份占公司总股份的比例表示第一大股东持股比例,该指标越大,表明第一大股东的持股比例越高。

股权集中度,即赫芬达尔指数,该指数的计算方法为前 n 大股东持股比例的平方和。由计算公式可知,赫芬达尔指数不仅仅考虑了单个股东的持股比例,更重要的是体现了他们持股比例之间的相互作用。当每一名股东的持股比例平方之后,就会给持股比例相对较大的股东赋予更大的权重,而对持股比例较小的股东赋予更小的权重,即出现马太效应。公司的股权越集中,则前 n 位大股东的持股比例的平方和,即赫芬达尔指数越大;股权越分散,则前 n 位大股东的持股比例的平方和,即赫芬达尔指数越小。Hn 越接近 0,说明股东的持股状况较为分散;Hn 越接近 1,说明前 n 位股东的持股状况较为集中。已有的研究对赫芬达尔指数的高低做出了评价,认为当赫芬达尔指数大于 0.25 时,就表示该公司的股权相对集中。本书选取前十大股东的 Hn 指数来表示公司股权的集中程度。如前所述,该指数越大,则表示公司的股权分布越趋于集中。

是否交叉上市。交叉上市是指同一家公司的证券同时在两个或两个以上的证券交易所发行、交易。结合已有的研究,本书将同时在中国大陆(沪、深两市)和香港上市的公司定义为交叉上市的公司。

两权分离程度。当公司的董事长和总经理由不同的人员担任时,被认为是两权分离,否则是两权合一。

独立董事比例。按照相关规定,上市公司董事会中必须包括独立董事,并且要达到相应的比例。本书利用公司董事会内部独立董事人数与董事会的董事总人数之比来计算独立董事比例。

董事会下设置专业委员会。根据《上市公司管理准则》的规定,本书用公司在董事会下设置战略委员会、审计委员会、提名委员会和薪酬与考核委员会的个数来反映董事会下专业委员会的设置情况。

(4)解释变量:外部治理机制。在我国 31 个省份和地区中,政府对市场的干预程度、市场中介组织的发育与法律服务以及市场化进程在不同地区都是有所不同的。基于前述部分的文献回顾与理论分析,本书同样采用樊纲、王小鲁和朱恒鹏(2011)编制的中国各地区市场化进程数据中的政府与市场的关系指数、市场中介组织的发育和法律服务指数以及市场化进程指数作为公司外部治理机制的代理变量。同时,借鉴已有对我国不同地区市场化程度的相关研究,本书也采用樊纲等(2011)编制的《中国市场化指数——各地区市场化相对进程2011年报告》一书中的政府与市场关系得分、市场中介发育和法律服务得分以及市场化相对进程来作为不同地区市场化的替代变量,这样既可以保证本书所选数据的合理性,也可以保证其可得性。

具体而言,政府与市场的关系指数、市场中介组织的发育与法律服务指数以及市场化进程指数均是数值越高,即政府对市场的干预程度越低、中介组织和法律服务越健全以及市场化进程越快,表明该项外部治理机制越有效。可以认为,三个指标的得分排名在1~15名之间的外部治理机制程度较高。排名在16~31名之间的外部治理机制程度相对较差。

由于该书的指标只更新到2009年,本书也要对市场化数据与公司数据之间的不对应性加以考虑。在我国现有的研究中,主要出现了四种方法来解决这个问题。夏立军等(2005)以及李延喜等(2012)采用了"最新数据替代法",即该方法总是利用最新的数据来表示现在市场化程度;俞红海(2010)则采用了"增长率预测法",即根据前几年的平均变动来预测未来的市场化水平;徐光伟和刘星(2010)利用"一元线性回归法"来预测未来的市场化进程;余明桂和潘红波(2009)以及刘志远和花贵如(2009)采用了"以往数据平均法",即利用以往年度市场化的平均水平来作为未来市场化水平。为了更大程度地解决数据的不对应性,同时考虑到数据的可获得性与可靠性,本书采用第一种方法来对市场化进程相关的数据进行处理。虽然这样仍会产生数据年份不匹配的现象,但是考虑到我国不同地区的发展程度变化不大,因此也有合理之处。同时,为了使数据不匹配的影响最小化,本部分将在稳健性检验中利用2007年、2008年和2009年对应的代表外部治理机制的指数和公司数据进行稳健性检验,以此来为本部分的结论提供更为坚实的证据。

(5)控制变量。

成长性。Opleretal(1999)指出公司的现金持有量与其所面临的投资机会是相关的。公司为了不放弃有价值的投资机会,不得不在公司内部储备一定量的现金。不同生命周期阶段的公司其公司价值也表现出不同的特征。因此,本书同样将成长性设为控制变量。

经营现金流。现金流量的变化会对公司价值的提高有一定的帮助。因此,本书将经营现金流设为控制变量。

总资产周转率。总资产周转率是公司营业收入与总资产规模的比值,其反映了公司的经营效率。该指标越高,说明单位的经营周期较短,资产变现能力也较强。因此,公司会因为提高了经营效率而增加公司价值。

上市年限。根据生命周期理论,公司处于不同的生命周期阶段会采取不同的财务管理政策,其对公司价值也会有较大的影响。因此,本书将上市年限设为控制变量。

同时,为了考虑不同行业以及不同年份对财务柔性价值效应的影响,本书同时加入了行业控制变量和年份控制变量。

7.2.2 模型设计

为了验证公司储备财务柔性对公司价值的作用效果,本部分建立如下的模型三来检验财务柔性与公司价值之间的关系。

$$\text{Tobin's Q}_t = \beta_0 + \beta_1 \text{FF}_{t-1} + \text{Controls}_t + \varepsilon$$

根据本部分所提假设,通过判断 β_1 系数来验证公司储备的财务柔性与公司价值之间的关系。若系数为正,则说明公司通过储备财务柔性的行为可以提高公司价值;反之,则说明公司储备财务柔性降低了公司价值。

其中:Tobin's Q 代表被解释变量公司价值;FF 代表解释变量财务柔性;Controls 代表控制变量,分别为成长性、现金流量、总资产周转率、上市年限和行业控制变量、年份控制变量。

为验证本部分所提出的假设4,本书所利用的各个变量的形式及其具体的计算方法见表7-1。

表7-1 变量的定义

变量类型	变量名称	变量符号	说明
被解释变量	公司价值	Tobin's Q	公司市场价值/总资产
解释变量	财务柔性	FF_{t-1}	上期末财务柔性储备量

变量类型	变量名称	变量符号	说明
控制变量	成长性	Growth	(本期营业收入－上期营业收入)/上期营业收入
	现金流量	Cashflow	经营活动现金流量净额/总资产
	总资产周转率	TAT	经营收入/总资产
	上市年限	Age	样本年份－上市年份
	行业变量	Industry	样本属于某行业则取1,否则取0
	年度变量	Year	样本属于某年则取1,否则取0

在验证了财务柔性与公司价值之间关系的基础上,本部分继续研究相关内部治理机制在二者关系之间的调节作用,为此建立如下的模型四:

$$\text{Tobin's Q} = \beta_0 + \beta_1 \text{FF}_{t-1} + \beta_2 \text{Gov} - \text{IN} + \beta_3 \text{FF}_{t-1} \text{Gov} - \text{IN} + \text{Controls} + \varepsilon$$

根据本部分所提假设,通过判断 β_3 的系数来验证相关内部治理机制在财务柔性与公司价值之间的调节作用。若系数为正,则说明该内部治理机制的改善会进一步促进财务柔性对公司价值的提高作用;若系数为负,则说明该内部治理机制的改善,会妨碍财务柔性对公司价值的提高作用。

其中:Tobin's Q 代表被解释变量公司价值;FF 代表解释变量财务柔性;Gov－In代表解释变量内部治理机制,具体包括第一大股东持股比例、股权集中度、是否多地上市、两权分离程度、独立董事比例和四委设置;Controls 代表控制变量,分别为成长性、现金流量、总资产周转率、上市年限和行业控制变量、年份控制变量。

为了验证本部分所提出的假设5a、假设5b、假设5c,本书所利用的各个变量的形式及其具体计算方法见表7－2。

表7－2　变量的定义

变量类型	变量名称	变量符号	说明
被解释变量	公司价值	Tobin's Q	公司市场价值/总资产
解释变量	财务柔性	FF	上期末储备的财务柔性

续表

变量类型	变量名称	变量符号	说明
解释变量	第一大股东持股比例	Top1	第一大股东所持股份占公司总股份比例
	第一大股东持股比例与财务柔性交叉项	FF * Top1	
	股权集中度	Hn	前十大股东的赫芬达尔指数
	股权集中度与财务柔性交叉项	FFHn	
	是否交叉上市	Area	样本多地上市则取1,否则取0
	是否交叉上市与财务柔性交叉项	FFArea	
	两权分离程度	RSD	样本两权合一则取1,否则取0
	两权分离程度与财务柔性交叉项	FFRSD	
	独立董事比例	IDP	独立董事人数/董事会成员人数
	独立董事比例与财务柔性交叉项	FFIDP	
	四委设置	PC	按照相关规定,董事会下设置专业委员会的个数
	四委设置与财务柔性交叉项	FFPC	
控制变量	成长性	Growth	(本期营业收入－上一期营业收入)/上一期营业收入
	现金流量	Cashflow	经营活动现金流量净额/总资产
	总资产周转率	TAT	营业收入/总资产
	上市年限	Age	样本年份－上市年份
	行业变量	Industry	样本属于某行业则取1,否则取0
	年度变量	Year	样本属于某年则取1,否则取0

同样地,为了检验相关外部治理机制在财务柔性与公司价值之间关系的调节作用,本书建立如下模型五:

$$\text{Tobin's } Q = \beta_0 + \beta_1 FF_{t-1} + \beta_2 Gov - Out + \beta_3 FF_{t-1} Gov - Out + Controls + \varepsilon$$

根据本部分所提假设,通过判断 β_3 的系数来验证相关外部治理机制在财务柔性与公司价值之间的调节作用。若系数为正,则说明该外部治理机制的改善会进一步促进财务柔性对公司价值的提高作用;若系数为负,则说明该外部治理机制的改善,会妨碍财务柔性对公司价值的提高作用。

其中:Tobin's Q 代表被解释变量公司价值;FF 代表解释变量财务柔性;Gov - Out代表解释变量外部治理机制,具体包括政府干预程度、市场中介组织的发育与法律服务和市场化进程;Controls 代表控制变量,分别为成长性、现金流量、总资产周转率、上市年限和行业控制变量、年份控制变量。

为了验证本部分所提出的假设6a、假设6b 和假设6c,本书所利用的各个变量的形式及其计算方法见表7 - 3。

表7 - 3　变量定义表

变量类型	变量名称	变量符号	说明
被解释变量	公司价值	Tobin's Q	公司市场价值/总资产
解释变量	财务柔性	FF	上期末储备财务柔性
解释变量	政府干预程度	Gov	上市公司所在地政府干预程度指数;数值越高,政府干预程度越低;得分排名 1 ~ 15 取 1,16 ~ 31 取 0
解释变量	政府干预程度与财务柔性交叉项	FFGov	
解释变量	市场中介组织的发育与法律服务	Law	上市公司所在地市场中介发育和法律服务指数;数值越高,市场中介和法律服务程度越高;得分排名 1 ~ 15 取 1,16 ~ 31 取 0
解释变量	市场中介组织发育与法律服务与财务柔性交叉项	FFLaw	
解释变量	市场化进程	Mar	上市公司所在地市场化进程指数;数值越高,市场化进程越快;得分排名 1 ~ 15 取 1,16 ~ 31 取 0
解释变量	市场化进程与财务柔性交叉项	FFMar	

续表

变量类型	变量名称	变量符号	说明
控制变量	成长性	Growth	(本期营业收入 – 上期营业收入)/上期营业收入
	现金流量	Cashflow	经营活动现金流量净额/总资产
	总资产周转率	TAT	营业收入/总资产
	上市年限	Age	样本年份 – 上市年份
	行业变量	Industry	样本属于某行业则取1,否则取0
	年度变量	Year	样本属于某年则取1,否则取0

7.2.3 样本选取与数据来源

为了研究财务柔性与公司价值之间关系,以及内外部治理机制在二者关系之间起到的调节作用,本书以 2009—2014 年我国沪深两市 A 股上市公司为样本。相关数据除反映外部治理机制的数据来源于樊纲等(2011)编制的《中国市场化指数——各地区市场化相对进程 2011 年报告》外,其余数据均来自于国泰安数据库。由于财务柔性采用了滞后一期的指标等因素需要上一期数据,所以实际数据采集区间为 2008—2014 年。

为了保证数据的有效性等,本书对原始样本进行了如下方式筛选。

第一,考虑到金融行业在资本结构等方面的特殊性,本书根据 2012 年证监会制定的行业分类标准,剔除了金融行业的样本公司;

第二,剔除 2009—2014 年间各年 ST 和 * ST 样本公司;

第三,剔除当年上市的样本公司;

第四,剔除具有异常值的样本公司;

第五,剔除缺失值样本。

经过上述处理,最终获得 6 年 14 个行业的 11 239 个样本观测值。同时,考虑到变量数据的极端值会对本书的结果产生一定的影响,因此本书对所有连续变量的 1% 和 99% 两侧的样本进行 Winsorize 处理。

本部分的所有数据处理均使用了 Excel2013 和 Stata12 等软件。

7.3 实证结果与分析

7.3.1 描述性统计分析

为了对各变量的数据做一个整体的了解,本部分首先对各主要变量进行描述性统计分析。通过描述性统计分析可以考察各主要变量的基本特征。表7-4则报告了模型三、模型四和模型五中各主要变量的描述性统计分析结果。

表7-4 各主要变量描述性统计

变量	均值	中位数	最小值	最大值	标准差	样本数量
Tobin's Q	2.060	1.621	0.684	102.430	1.823	11 239
FF	0.179	0.126	−2.576	1.587	0.337	11 239
TOP1	0.363	0.345	0.022	0.894	0.156	11 239
Hn	0.161	0.130	0.000	0.800	0.129	11 239
Area	0.03	0	0	1	0.171	11 239
RSD	0.78	1	0	1	0.413	11 239
IDP	0.370	0.333	0.091	0.8	0.055	11 239
PC	3.85	4	1	4	0.450	11 239
Gov	0.78	1	0	1	0.416	11 239
Law	0.81	1	0	1	0.393	11 239
Mar	0.79	1	0	1	0.404	11 239
Growth	1.839	0.119	−0.998	14.353	0.573	11 239
Cashflow	0.091	0.041	−4.270	0.771	0.091	11 239
TAT	0.671	0.548	0.001	9.310	0.558	11 239
Age	9.45	10	1	24	5.985	11 239

本书的前两章已对反映内外部治理机制的变量进行了详尽的描述性统计分析,因此本部分只对公司价值和财务柔性的数值特征进行描述。公司价值的均值为2.060,中位数为1.621,二者均大于1,说明我国上市公司大体上还能够实现资产的保值增值的目标。同时最小值为0.684也说明了在我国的上市公

司中仍存在无法实现资产的保值增值目标的公司。财务柔性的均值为0.179，中位数为0.126，二者均大于0，说明我国公司在样本采集期内大部分很重视财务柔性的储备活动，大多数公司都能够进行财务柔性的储备。

7.3.2　相关性分析

（1）股权结构对财务柔性与公司价值之间关系的影响。在描述性统计分析的基础上，本部分利用相关性分析来进一步分析两两变量之间的关系。表7－5报告了内部治理机制中与股权结构相关的变量与其他变量之间的皮尔森相关系数。

表7－5　股权结构相关变量的相关性分析

变量	Tobin's Q	FF	TOP1	Hn	Area	Growth	Cashflow	TAT	Age
Tobin's Q	1								
FF	0.077 **	1							
TOP1	− 0.134 **	− 0.017	1						
Hn	− 0.125 **	− 0.020 *	0.895 **	1					
Area	− 0.072 **	− 0.093 **	0.089 **	0.156 **	1				
Growth	− 0.006	0.020 *	− 0.007	− 0.003	− 0.002	1			
Cashflow	0.009	0.076 **	0.054 **	0.058 **	0.038 **	− 0.015	1		
TAT	− 0.002	− 0.156 **	0.069 **	0.073 **	0.006	− 0.007	0.092 **	1	
Age	0.054 **	− 0.458 **	− 0.085 **	− 0.084 **	− 0.006	0.011	− 0.019 *	0.064 **	1

注：** 表示在1%水平上（双侧）显著相关，* 表示在5%水平上（双侧）显著相关。

上表中财务柔性和反映股权结构的内部治理机制的各变量与公司价值均具有显著的相关性。其中，财务柔性与公司价值的相关系数为0.077，且在1%水平上显著相关，可以初步看出公司储备的财务柔性与公司价值具有正相关关系，可以初步验证假设4的成立。同时可以看出第一大股东持股比例、股权集中程度以及交叉上市的情况均与公司价值具有显著的负相关关系。

（2）董事会结构对财务柔性与公司价值之间关系的影响。表7－6报告了内部治理机制中与董事会结构有关的变量与其他变量之间的皮尔森相关系数。

表7-6　董事会结构相关变量的相关性分析

变量	Tobin's Q	FF	RSD	IDP	PC	Growth	Cashflow	TAT	Age
Tobin's Q	1								
FF	0.077**	1							
RSD	-0.036**	-0.184**	1						
IDP	0.008	0.037**	-0.090**	1					
PC	-0.015	-0.006	-0.021*	0.018**	1				
Growth	-0.006	0.020*	-0.018	-0.006	0.003	1			
Cashflow	0.009	0.076**	0.040**	-0.042**	-0.055**	-0.015	1		
TAT	-0.002	-0.156**	0.045**	-0.041**	-0.022*	-0.007	0.092**	1	
Age	0.054**	-0.458**	0.218**	-0.041**	-0.041**	0.011	-0.019*	0.064**	1

注：**表示在1%水平上（双侧）显著相关，*表示在5%水平上（双侧）显著相关。

在反映董事会结构的内部治理机制中，只有两权分离程度与公司价值具有显著的负相关关系，独立董事比例和四委设置与公司价值均没有表现出显著的相关关系。

（3）外部治理机制对财务柔性与公司价值之间关系的影响。表7-7报告了外部治理机制相关变量与其他变量之间的皮尔森相关系数。

表7-7　外部治理机制相关变量的相关性分析

变量	Tobin's Q	FF	Gov	Law	Mar	Growth	Cashflow	TAT	Age
Tobin's Q	1								
FF	0.077**	1							
Gov	-0.032**	0.129**	1						
Law	-0.037**	0.136**	0.742**	1					
Mar	-0.053**	0.128**	0.877**	0.863**	1				
Growth	-0.006	0.020*	0.005	0.004	0.005	1			
Cashflow	0.009	0.076**	0.019*	0.011	0.016	-0.015	1		
TAT	-0.002	-0.156**	0.062**	0.055**	0.055**	-0.007	0.092**	1	
Age	0.054**	-0.458**	-0.116**	-0.121**	-0.108**	0.011	-0.019*	0.064**	1

注：**表示在1%水平上（双侧）显著相关，*表示在5%水平上（双侧）显著相关。

从外部治理机制的角度来看,政府干预程度、市场中介组织的发育与法律服务及市场化进程均与公司价值呈显著的负相关关系。

从表 7-5、表 7-6 和表 7-7 可以看出,各解释变量和控制变量之间的相关性均较小,因此可以初步判断变量之间不存在严重的多重共线性问题。如前所述,本书将在多元回归分析中,利用方差膨胀因子对多重共线性问题进行进一步检验。

7.3.3 多元回归分析

描述性统计分析和相关性分析展现了各变量单独的数值特征以及两两变量之间的简单相关关系,下面将利用模型三、模型四以及模型五进行多元回归分析,以检验本部分所提出的相关假设。

(1)财务柔性与公司价值的关系。本部分首先将利用模型三对公司储备的财务柔性与公司价值之间的关系进行多元回归分析,表 7-8 报告了回归结果。

表 7-8 财务柔性与公司价值关系的多元回归分析

变量	(4) 系数
截距	1.986 *** (31.856)
FF	0.815 *** (14.216)
Growth	0.000 (-0.893)
Cashflow	-0.290 (-1.553)
TAT	0.051 * (1.666)
Age	0.034 *** (10.655)

变量	(4) 系数
年度	控制
行业	控制
R^2	0.051
$Adj - R^2$	0.050
F 值	60.472 ***
N	11 239

注:(1)括号中是 t 值;(2) *、**、*** 分别表示在 10%、5%、1% 水平上显著。

从表 7 - 8 整体上看,F 值为 60.472,且在 1% 水平上显著,说明选取的解释变量和控制变量在整体上对公司价值有一定的解释能力。

反映财务柔性与公司价值之间关系的系数为 0.815,且在 1% 水平上显著相关。这说明企业储备的财务柔性更能够发挥其战略价值,体现出"预防属性"和"利用属性",帮助企业抵御未来的不利冲击,并把握住有价值的投资机会,显著提高公司价值,这也就可以验证本书提出的假设 4 成立。

(2)股权结构对财务柔性与公司价值之间关系的影响。在验证了财务柔性与公司价值之间关系的基础上,本部分将首先利用模型四对股权结构方面的内部治理机制在财务柔性与公司价值之间的影响作用进行检验。具体的多元回归结果如表 7 - 9 所示。

表 7 - 9　股权结构调节作用的多元回归分析

变量	(5a) 系数	(5b) 系数	(5c) 系数
截距	2.592 *** (33.922)	2.278 *** (33.937)	2.020 *** (32.334)
FF	0.407 *** (3.102)	0.641 *** (7.444)	0.775 *** (13.366)
TOP1	- 1.607 *** (- 13.386)		

续表

变量	(5a) 系数	(5b) 系数	(5c) 系数
FFTop1	1.006 *** (3.082)		
Hn		−1.629 *** (−11.188)	
FFHn		0.843 *** (2.155)	
Area			−0.645 *** (−6.543)
FFArea			−0.145 (−0.300)
Growth	0.000 (−0.890)	0.000 (−0.886)	0.000 (−0.884)
Cashflow	−0.148 (−0.797)	−0.162 (−0.870)	−0.230 (−1.234)
TAT	0.079 *** (2.602)	0.073 ** (2.386)	0.048 (1.576)
Age	0.029 *** (9.273)	0.030 *** (9.616)	0.033 *** (10.283)
年度	控制	控制	控制
行业	控制	控制	控制
R^2	0.067	0.062	0.055
$Adj-R^2$	0.066	0.061	0.054
F 值	66.994 ***	61.987 ***	54.159 ***
N	11 239	11 239	11 239

注:(1)括号中是 t 值;(2) *、**、*** 分别表示在 10%、5%、1% 水平上显著。

从整体上来看,三组回归的 F 值分别为 66.994、61.987 和 54.159,均在 1% 水平上显著。说明在加入第一大股东持股比例、股权集中度、交叉上市以及三者与财务柔性的交叉项后,模型整体上均可以对公司价值有一定的解释能力。

第(5a)列和第(5b)列中,反映第一大股东持股比例对财务柔性与公司价值之间关系的调节作用的变量为FFTop1,其系数为1.006;反映股权集中度对财务柔性与公司价值之间关系的调节作用的变量为FFHn,其系数为0.843,二者均在1%的水平上显著。说明无论从大股东持股比例的角度还是股权集中情况的角度来看,具有控制权的股东均表现出了"协同效应",二者的提高均会进一步促进财务柔性对公司价值的提高。这也就证明了本书所提出的假设5a和假设5b成立。

第(5c)列中,反映交叉上市对财务柔性与公司价值之间关系的调节作用的变量FFArea,其系数为 -0.145,且不具有显著性。这说明交叉上市对二者之间关系的调节作用并不明确,因此也无法对假设5c提供证据。从财务柔性的角度来看,我国进行交叉上市的公司的股东等利益相关者可能还没有充分利用其更为严格的监管机制以及更加充分的信息披露的要求来保障自身的权益,交叉上市并没有发挥其应有的治理作用和保护功能。

在控制变量方面,总资产周转率和上市年限均与公司价值具有显著的正相关关系,说明经营效率提高以及上市公司上市年限变长,可以对公司价值起到提高作用。

(3)董事会结构对财务柔性与公司价值之间关系的影响。在内部治理机制中,另一个重要的方面为董事会结构,本部分将选择董事长与总经理的两权分离状况、独立董事比例和董事会下设置专业委员会的数目作为与董事会结构有关的内部治理机制的替代变量,来考察董事会结构对财务柔性与公司价值之间关系的调节作用。利用模型四的回归结果如表7-10所示。

表7-10　董事会结构调节作用的多元回归分析

变量	(6a) 系数	(6b) 系数	(6c) 系数
截距	2.243 *** (30.591)	1.826 *** (12.646)	1.967 *** (11.015)
FF	0.446 *** (4.497)	0.809 ** (2.316)	1.145 ** (2.512)

续表

变量	(6a) 系数	(6b) 系数	(6c) 系数
RSD	-0.334 *** (-6.595)		
FFRSD	0.478 *** (4.263)		
IDP		0.433 (1.228)	
FFIDP		0.015 (0.016)	
PC			0.005 (0.118)
FFPC			-0.086 (-0.730)
Growth	0.000 (-0.839)	0.000 (-0.883)	0.000 (-0.888)
Cashflow	-0.217 (-1.163)	-0.280 (-1.500)	-0.290 (-1.552)
TAT	0.051 * (1.679)	0.052 * (1.707)	0.051 * (1.666)
Age	0.036 *** (11.292)	0.034 *** (10.693)	0.034 *** (10.613)
年度	控制	控制	控制
行业	控制	控制	控制
R^2	0.055	0.051	0.051
$Adj-R^2$	0.054	0.050	0.050
F 值	54.244 ***	50.561 ***	50.439 ***
N	11 239	11 239	11 239

注:(1)括号中是 t 值;(2) *、**、*** 分别表示在 10%、5%、1% 水平上显著。

从整体上看,三组回归的 F 值分别为 54.244、50.561 和 50.439,均在 1% 水平上显著。说明在加入董事长与总经理的两权分离程度、独立董事比例和董事会下设置专业委员会情况以及三者与财务柔性的交叉项后,模型整体上均可对公司价值有一定的解释能力。

从第(6a)列中董事长与总经理的两权分离程度的角度来看,其与财务柔性的交叉项 FFRSD 的系数为 0.478,且在 1% 水平上显著。这说明董事长与总经理职务由不同人员担任时,董事会可以起到更为独立、有效的监督作用,因此也就可以更好地利用财务柔性来提高公司价值。也就是说,董事长与总经理两权分离设置得越好,越能够促进财务柔性提高公司价值,这也就验证了假设 6a 的成立。

第(6b)列中,独立董事比例与财务柔性的交叉项 FFIDP 的系数为 0.015,但是不具有显著性。这与国内外其他学者研究独立董事有效性的结论大体一致。由于独立董事的任用、其个人精力有限以及其对个人声誉的追求等原因,独立董事制度没有很好地起到理论上的治理作用。同样也没有验证本书所提出的假设 6b。

第(6c)列中,董事会下设置专业委员会与财务柔性的交叉项 FFPC 的系数为 -0.086,也不具有显著性。这表明专业委员会的设置可能不但没有促进财务柔性对公司价值的提升,反而抑制了其提升作用。这可能与我国董事会下设置的专业委员会流于形式、无法有效运转等因素有关。因此,也无法为本书所提出的假设 6c 提供证据。

(4)外部治理机制对财务柔性与公司价值之间关系的影响。在分析了内部治理机制在财务柔性与公司价值之间关系的调节作用后,本部分将继而研究外部治理机制(如政府对市场干预程度、市场中介组织的发育与法律服务以及市场化进程等因素)在财务柔性与公司价值之间关系的调节作用。利用模型五进行多元回归分析的结果如表 7-11 所示。

表 7-11　外部治理机制调节作用的多元回归分析

变量	(7a) 系数	(7b) 系数	(7c) 系数
截距	2.112 *** (30.261)	2.157 *** (30.276)	2.205 *** (31.342)
FF	0.688 *** (6.147)	0.487 *** (4.000)	0.552 *** (4.786)

续表

变量	(7a) 系数	(7b) 系数	(7c) 系数
Gov	−0.175 *** (−4.035)		
FFGov	0.190 (1.532)		
Law		−0.231 *** (−5.091)	
FFLaw		0.434 *** (3.279)	
Mar			−0.300 *** (−6.748)
FFMar			0.376 *** (2.966)
Growth	0.000 (−0.890)	0.000 (−0.907)	0.000 (−0.898)
Cashflow	0.291 (−1.558)	−0.300 (−1.607)	−0.293 (−1.573)
TAT	0.062 ** (2.030)	0.064 ** (2.089)	0.069 ** (2.234)
Age	0.033 *** (10.455)	0.033 *** (10.522)	0.033 *** (10.452)
年度	控制	控制	控制
行业	控制	控制	控制
R^2	0.052	0.054	0.055
$Adj-R^2$	0.051	0.053	0.054
F 值	51.817 ***	52.950 ***	54.439 ***
N	11 239	11 239	11 239

注:(1)括号中是 t 值;(2) *、**、*** 分别表示在 10%、5%、1% 水平上显著。

从整体上来看,三组回归的 F 值分别为 51.817、52.950 和 54.439,均在 1%

水平上显著。这说明在加入政府对市场的干预程度、市场中介组织的发育与法律服务水平和市场化进程以及三者与财务柔性的交叉项后,模型整体上均可对公司价值有一定的解释能力。

第(7a)列中反映政府的干预程度在财务柔性与公司价值之间关系的调节作用的 FFGov 系数为 0.190,虽然仍说明政府干预程度的降低会提高财务柔性对公司价值的提升作用,但却并没有表现出显著性,因此其无法为本书所提出的假设 7a 提供充分的证据。第(7b)列和第(7c)列中反映市场中介组织的发育与法律服务水平和市场化进程在财务柔性与公司价值之间关系的调节作用的 FFLaw 和 FFMar 系数分别为 0.434 和 0.376,二者均在 1% 水平上显著。以上结果表明市场中介组织的发育与法律服务和市场化进程等因素的改善,均能够进一步促进财务柔性对公司价值的提高作用,这也为本书所提出的假设 7b 和假设 7c 提供了经验证据。

本书在以上检验内外部治理机制在财务柔性与公司价值关系上的调节作用的多元回归分析中,均利用方差膨胀因子进行了多重共线性的检验,报告结果表明模型中所选取的变量不存在严重的多重共线性。但是限于篇幅等因素,本书并没有对结果进行报告。

7.3.4 稳健性检验

与第六章类似,本部分在进行实证分析的时候,只采用了 2009 年各地区的政府干预程度、市场中介组织的发育与法律服务和市场化进程等指标,这就造成了数据之间的不匹配问题。为了将由此产生的影响降低,并为本书所提假设提供更为坚实的证据,本部分将利用 2007—2009 年对应的数据对外部治理机制在财务柔性与公司价值之间关系的调节作用进行稳健性检验。

仍利用模型五进行稳健性检验,具体结果如表 7-12 所示。

表 7-12　外部治理机制调节作用的稳健性检验

变量	(7a') 系数	(7b') 系数	(7c') 系数
截距	2.203 *** (53.306)	2.216 *** (53.385)	2.207 *** (53.090)
FF	0.318 *** (3.292)	0.421 *** (4.733)	0.426 *** (4.794)

续表

变量	(7a') 系数	(7b') 系数	(7c') 系数
Gov	− 0. 049 * (− 1. 737)		
FFGov	0. 272 ** (2. 449)		
Law		− 0. 066 ** (− 2. 289)	
FFLaw		0. 149 (1. 412)	
Mar			− 0. 053 * (− 1. 829)
FFMar			0. 138 (1. 314)
Growth	− 0. 002 (− 0. 629)	− 0. 003 (− 0. 653)	− 0. 003 (− 0. 650)
Cashflow	0. 011 (1. 081)	0. 011 (1. 117)	0. 011 (1. 122)
TAT	0. 018 (0. 923)	0. 018 (0. 902)	0. 018 (0. 917)
Age	0. 015 *** (5. 123)	0. 015 *** (5. 190)	0. 015 *** (5. 137)
年度	控制	控制	控制
行业	控制	控制	控制
R^2	0. 623	0. 623	0. 622
$Adj - R^2$	0. 622	0. 622	0. 621
F 值	701. 031	700. 634	700. 077
N	3 383	3 383	3 383

注:(1)括号中是 t 值;(2) *、**、*** 分别表示在 10%、5%、1%水平上显著。

表 7 - 11 报告了用 2007—2009 年对应的数据进行多元回归分析的结果。

第(7a')列中反映政府对市场干预程度促进财务柔性对公司价值提升作用的FFGov 系数为 0. 272,且在 5% 水平上显著。在实证分析没有为假设 7a 提供充分证据的情况下,稳健性检验却可以提供充分的证据,因此也可以在一定程度上说明假设 7a 的合理性。第(7b')列和第(7c')列中,反映市场中介组织的发育与法律服务和市场化进程促进财务柔性提高公司价值作用的 FFLaw 和 FFMar系数分别为 0. 149 和 0. 138,虽然二者符号为正,但是并没有显著性,因此只能为假设 7b 和假设 7c 提供较弱的支持证据。虽然本部分关于外部治理机制在财务柔性与公司价值之间的调节作用在多元回归分析和稳健性检验中提供了显著程度不同的证据,但从整体还是可以看出,上市公司所在地区市场化程度越高,公司储备的财务柔性对公司价值的提高作用越大。

7.4   本章小结

在实证分析中,本章选取 2009—2014 年间在沪深两市 A 股上市的公司为研究对象,选取了 11 239 个研究样本。在控制了公司成长性、现金流量、总资产周转率、上市年限以及行业因素和年度因素的基础上,先后研究了公司储备的财务柔性与公司价值之间的关系以及内外部治理机制在财务柔性与公司价值之间关系中的调节作用。通过本章的研究,本书在相关方面得出了有益的结论。

本部分首先对财务柔性与公司价值之间的关系进行了实证检验。研究结果表明公司通过储备财务柔性行为可以提高公司价值,这也正是财务柔性"预防属性"和"利用属性"的具体体现。然后,本部分在上述结果的基础上分别对股权结构和董事会结构等内部治理机制在财务柔性与公司价值之间起到的调节作用进行了研究。结果表明,具有控制权的股东在财务柔性的价值效应方面表现出了"协同效应",即随着大股东的持股比例提高以及股权集中情况加剧,财务柔性可以更好地提高公司价值;在交叉上市方面,本书却没有得到显著性的结果以对所提出的假设加以验证。在董事会结构方面,只有代表董事长与总经理两权分离的治理机制能够显著地促进财务柔性对公司价值的提升作用;关于独立董事制度对二者关系的调节作用并没有得到显著的结论;而董事会下设置专业委员会的治理机制对财务柔性提高公司价值的作用体现出并不显著的抑制效果,这也与本书提出的假设有所出入。可以看出,我国上市公司的董事会并没有起到理论上的治理作用,在完善上市公司董事会治理机制方面,还有待加强。最后,本部分还对外部治理机制在财务柔性对公司价值影响效果中的调节作用进行了研究,所得结果在不同程度上验证了本部分提出的假设,外部治理机制的不断改善会进一步促进财务柔性对公司价值的提高作用。

为了验证所得结论的合理性和准确性,本部分还利用了 2007—2009 年对应的数据对关于外部治理机制在财务柔性与公司价值之间关系的调节作用方面的假设进行了稳健性检验,所得结果分别在不同程度上对本部分所提出的假设提供了进一步的支持。

8

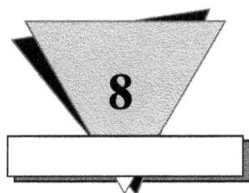

研究结论与政策建议

通过前面部分的文献回顾、制度背景介绍、理论基础、理论分析以及实证检验等过程,本书针对公司内外部治理机制、财务柔性与公司价值三者之间的关系做出了一系列的研究,并得到了有益的结论。本部分将首先对本书研究所得到的结论进行系统的梳理,以实现本书的写作目的。其次,将结合本书所得到的结论,针对公司理财、公司治理、市场化建设等问题提出有益的政策建议。最后,本部分还将指出本书研究中的不足之处,并对相关领域的后续研究做出适度的展望。

8.1　研究结论

本文在总结和分析前人研究成果的基础上,在前面部分已经介绍了相关理论的情况下,参考国内外学者对于财务柔性持有行为和价值效应等方面的相关实证研究的过程和结论,利用理论分析与实证检验相结合的方法,首先分析了内外部治理机制对财务柔性持有行为的影响,随后分析了财务柔性对公司价值的影响;在此基础上,又进一步研究了内外部治理机制在财务柔性与公司价值关系之间的调节作用。在以上方面,本书得出了以下几点结论:

(1)从描述性统计分析的结果来看,在财务柔性的持有行为方面,我国上市公司大体上处于释放财务柔性的过程中,公司持有的财务柔性的行为正在逐步减弱。在公司已储备的财务柔性方面,我国上市公司大多数还是储备了一定的财务柔性,以期应对非预期的不利冲击并把握住有价值的投资机会。

(2)在对内部治理机制与财务柔性持有行为的关系的研究中,本书发现大股东持股比例、股权集中度、交叉上市和两权分离度以及董事会下设置专业委员会数量等都对公司的财务柔性持有行为产生显著影响。从股权结构这个角度来看,在大股东持股比例越不断增加以及股权集中度越不断提高的情况下,公司越倾向于释放一定规模的财务柔性。公司进行交叉上市后,公司倾向于持有财务柔性。在董事会结构方面,公司的董事长和总经理分设可以促进公司持有财务柔性的行为。公司在董事会下设置关于战略、审计、提名以及考核与薪酬方面的专业委员会也会提高公司的财务柔性持有行为。独立董事比例变量的回归效果不是很明显,这与国内一些学者前期研究取得的研究结果相似,这进一步说明我国上市公司中独立董事制度的建设还有待进一步的完善。

(3)在外部治理机制对财务柔性持有关系的影响中,本书发现如政府对市场干预程度、市场中介组织的发育与法律服务水平以及市场化进程等均会对公司财务柔性持有行为产生显著的影响。具体而言,当地政府对市场干预的程度越低、公司所在地的市场中介组织的发育与法律服务水平越高、公司所在地的市场化进程越快,则公司越倾向于释放一定规模的财务柔性。

(4)在对财务柔性与公司价值之间的关系的研究中,本书发现公司通过储备财务柔性的行为可以提高公司价值。这也正是财务柔性"预防属性"和"利用属性"的具体体现,本书也利用实证证据对其进行了验证。

(5)内部治理机制在财务柔性与公司价值关系之间起到了一定的调节作用。在股权结构方面,具有控制权的股东表现出"协同效应",随着第一大股东持股比例的增加或者股权集中情况的加剧,财务柔性可以更好地提高公司价值。在交叉上市方面,虽然本书没有提供显著性的证据,但也可以初步判断交叉上市对二者之间的关系也有一定的促进作用。

在董事会结构方面,只有代表董事长与总经理两权分离的治理机制能够显著地促进财务柔性对公司价值的提升作用。关于独立董事比例和董事会下设置专业委员会的数量在二者之间的调节作用则表现得并不显著或与理论预期相反,这也说明我国在董事会治理机制的建设中,仍有很长的路要走。

(6)外部治理机制同样对财务柔性与公司价值之间的关系起到了调节作用。本书利用政府干预程度、市场中介组织的发育与法律服务以及市场化进程作为外部治理机制的替代变量,研究发现这些变量的改善会进一步促进财务柔性对公司价值的提高作用。

8.2 政策建议

结合上述结论,本部分将从公司储备财务柔性行为、完善内部治理机制、完善资本市场建设、发展经理人市场以及加速地区市场化进程等方面提出相关的政策建议,以此来实现本书的实践价值。

(1)持有并储备适度的财务柔性,以期提高公司价值。在经历了2008年爆发的金融危机以及随后的欧洲国家主权债务危机后,越来越多的公司发现改变财务管理的刚性政策,适当持有并储备财务柔性对实现公司价值最大化的理财目标有着重要的意义。本书的研究也表明,公司储备财务柔性对公司价值具有一定的提升作用。中国资本市场发展至今,虽然已经走过了二十几个年头,但是资本市场的发展、完善程度与发达国家的资本市场相比还有一定差距,市场的风险和环境中的不确定性依然很高,上市公司从资本市场获取资源的成本也依然很高,这都要求上市公司适度地持有并储备财务柔性,以应对经营风险和把握投资机会。

中国上市公司的发展,也经历了一个由改制到转轨发展的阶段,很多上市公司发展至今已经进入一个相对成熟、稳定的阶段。同时市场的开放程度也日益提高,这一方面扩展了企业的生存空间,另一方面也使得上市公司不得不面对着日益复杂的生存环境,这些公司随着经营和管理意识的提高,已经拥有了储备财务柔性的意识和储备财务柔性的能力。但是对公司持有财务柔性合理水平的判断能力还较低,相关研究也表明公司的财务柔性持有无论是过高还是过低,都会影响到财务柔性在公司生产运营中应该发挥的作用,所以上市公司应该结合自身情况来选择储备财务柔性水平,让公司的财务柔性持有水平保持在适当的比例。

(2)完善资本市场的建设,为公司发展提供更为广阔、公平的融资平台。公司持有财务柔性的行为以及财务柔性对公司价值的提升作用在很大程度上都取决于资本市场的完善程度。完善的资本市场会为我国上市公司提供更为广阔、公平的融资平台。就债权融资而言,由于我国资本市场的发达程度和管理制度建设的束缚,上市公司通过发行公司债券进行融资的方式并不普遍,也很难操作。因此目前上市公司获取债权融资的主要途径,还是通过商业银行贷款。而商业银行贷款的申请和获得,对于不同性质和规模的企业而言,却存在着很大的区别。究其原因,主要是商业银行贷款政策使用缺乏统一标准。政府和金融部门应该尽快出台相关管理制度,鼓励和促进第三方信用评级系统的发展和建设,以此来更加公平、有效地评价上市公司的偿债能力,使企业的经营水平、治理效力等更加透明,削弱这种贷款政策上的不平等,破除通过不合理的评级操作评定公司的贷款信用额度的格局,最终实现提高公司的债务融资效率的目的。

就股权融资而言,证监会应该出台更加具体和实用的管理规定,积极引导企业建立适度、合理的利润分配制度,对"半强制分红政策"的落实加强监管,纠正上市公司不重视投资者,尤其是不重视中小投资者权益的现象,使得上市公司不仅可以依靠超额现金的持有以及保持低水平的资产负债率等方式来获取财务柔性,还可以通过定期向股东发放红利来获取再融资资格,并以此来储备财务柔性。这样也可以进一步促进我国股票市场建设的完善。融资平台的拓宽,可以使公司在财务政策的选择上具有更大的灵活性,也可以使公司储备的财务柔性发挥更大的作用。

(3)完善公司内部治理机制,提高监督与约束能力。所有权与经营权分离是现代公司的基本特征之一,此种结构安排在充分利用了所有者的资源与经营者的专长之外,也在二者之间产生了代理冲突。公司治理机制在削弱代理冲突、规范经营者行为等方面发挥着重要的作用。从本书的研究结果可以看出,上市公司在保持适当财务柔性持有比例的同时,也应该提高和加强内部治理机制的建设。上市公司通过建立高效的内部治理机制,可以提高公司持有财务柔性的使用效率,让财务柔性的"预防属性"和"利用属性"得到很好的发挥,进而提高公司价值。对于公司内部治理机制的建设,可以从股权结构和董事会结构两个方面分别加以考虑。一方面,公司只有拥有合理的股权结构,才能有效解决投资人和控制人(控股股东或经理人)之间的代理问题,抑制大股东和经理人对公司财产的侵占欲望,减少大股东和经理人出于自利的动机,对公司持有财务柔性的滥用,降低公司的代理成本,提高财务柔性的使用效率。具体的做法是,在公司存在具有控制权的股东时,比如大股东持股比例较高或者股权集中度较高时,应该使其自身利益与公司利益趋于一致,使其行为不仅为个人利益考虑,更为公司集体利益考虑。在条件允许的情况下,可以使公司股票进行交叉上市,交叉上市的好处是可以拓宽公司的融资渠道,同时发达地区的资本市场管理更加严格、规范,可以更好地保护投资人的利益,同时增加经理人的经营压力,这也促使公司经理人可以更加有效率地使用财务柔性去提高公司价值。

提高公司内部治理机制建设的另一个方面,就是加强董事会的建设。上市公司董事会是公司的最高管理机关,主要职责是监督和管理公司的经营情况。保证董事会监督和管理职责有效履行的一个前提条件,就是实行董事长与总经理的两权分离,只有实行董事长和公司经理的分设,才能减少董事会对公司经营的不合理干涉,杜绝董事会对公司资源和小股东利益的侵占,也能使董事会有效监督公司经理层的经营状况,增加公司管理者的经营压力,减少经营者滥用职权和侵占公司利益的动机,同时也从战略的高度提高公司应对环境不确定的能力。独立董事制度和董事会下设专业委员会,也是为了满足和提高董事会监督和管理职能建设。独立董事制度和董事会下设专业委员会可以提高董事会的独立性和专业性,减少相关人为因素对董事会工作的干扰,提高公司内部治理机制的工作效率。

所以说一个公司只有股权结构合理,董事会对公司的监督和约束到位,公司经营者才能以更高效率进行公司的生产经营活动。在生产经营过程中不断地提高公司应对内外部环境的能力,并在此过程中不断地发展、壮大公司,最终实现公司价值不断提高的理财目标。

(4)建立和完善两权分离制度,发展职业经理人市场。董事长与总经理两权分离程度的提高,不仅会促进上市公司持有财务柔性的行为,还可促进财务柔性对公司价值的提升作用。因此,进一步建立并完善董事长与总经理两权分离制度,对规范上市公司的财务行为有着深远的影响和重大的意义。董事长和经营管理人员的有效分离,是保证董事会对公司的治理和监督职能得以顺利发挥的必要条件。二者的有效分离,是指代表公司所有权的公司董事会成员和负责公司经营和管理工作的经营(管理)层人员,根据《公司法》《上市公司治理准则》等相关公司管理制度,依据规定的职能义务划分履行董事会和经营管理层的相关监督、管理和经营职责。通过两权分离制度的建立,公司所有者可以对经营管理者进行有效的监督和激励,增加经营管理者的经营压力,降低经营管理者做出为了满足自己的利益而损害公司和股东权益行为的机会。同时代表公司所有者的董事会也可以有效降低对公司经营的不合理干预,使公司经营管理者可以更好地发挥其经营管理职能,以公司价值最大化为目标,在经营过程中实现公司价值和股东利益的同步提高。两权分离度的提高,从财务战略角度来说提高了公司储备的财务柔性用于预防和投资目的使用效率,这对公司价值的提高有着很大的帮助。因此,中国上市公司要继续发展和完善影响公司内部治理机制效率提高的两权分离制度建设。

若要实现董事长与总经理两权的充分分离,需要大力发展我国职业经理人市场作为保证。依据《公司法》的有关规定,股份制公司应该做到以下几点:有效实现所有权与经营权的分离;明确所有权人(投资人)、内部人、经理人三者之间的关系;规范股东大会、董事会、经理层三者之间的权利和职责;建立职业经理人的聘用、管理和流动体系。这些规章制度,体现了职业经理人体系在现代企业管理体制中的重要性。职业经理人是指职业化的公司经营管理专家,多数是由公司以定期发放薪酬或授予股票期权等方式从职业经理人市场中聘任的相关人员。

这些具有管理才能的职业经理人负责公司日常经营管理,享有对公司法人拥有财产的独立经营管理权。这种将管理职能从所有权中分离出来的制度,使得管理成为一种职业,使专业的管理人员能充分发挥其管理职能。职业经理人的存在,可以让公司所有者和管理者各司其职、分工合作,可以在很大程度上提高公司的工作和管理效率,实现公司价值最大化的经营目标。因此,加快我国的职业经理人培养体制建设,发展和完善职业经理人市场,对于完善我国社会主义市场经济体系,推进我国公司制度改革,建立中国股份制公司的现代企业治理制度等都具有十分重大的意义,这也为中国股份制公司组织管理形式的科学发展奠定了坚实的基础。

(5)进一步推进我国各个地区的市场化进程,促进公司快速发展。本书的研究结果表明,包括政府对市场的干预程度、市场中介组织的发育与法律服务以及市场化进程在内的地区间差异会对中国上市公司持有财务柔性行为和财务柔性对公司价值的提升作用产生重要影响。为了规范公司的财务行为,实现公司价值最大化的理财目标,我国应该继续推进各地区市场化进程。

首先,缩小我国东西部市场化进程的差距仍是我国中央政府所面临的挑战之一。对于我国的上市公司来说,虽然所处的国家大环境是一样的,但由于所处的地区不同,各地区的外部治理环境存在显著差异。由于东部地区优越的地理位置以及国家政策的支持,我国东部市场化进程较快,而中西部地区市场化进程则较慢。因此,对于中部和西部地区,各级政府要大力推行所在地区的市场化进程,调动自身的发展积极性,并以此来促进经济健康持续增长。各地区均衡的发展态势,也会促进资本的进一步流动,为公司理财活动提供更为公平、健康的环境。

其次,市场化进程中的一个重要方面是政府对市场的干预程度,而这也是当前政府重点改进之处。在中央政府的大力倡导与推动之下,各级政府都应该致力于提高政府的办事效率,简化和消除繁杂的审批手续,降低和杜绝政府对市场的不合理干预,使政府能积极有效地协调和配合各地市场的发展。进一步推进市场的发展,不仅需要资本市场的自身完善,同时也需要政府部门的协调配合。一方面,市场经济的健康、有序发展需要一定程度的政府宏观调控,但并非绝对。各级政府部门的职能要根据社会经济发展的需要进行重新调整,政府的主要功能是服务于社会而不是对社会的简单管理,真正做到让市场经济而不是计划经济决定市场的发展。除此之外,提高各地区的法治水平也是各级政府为提高当地的市场化进程而应尽的职责。各地方的政府和各相关部门需要进一步加强和改善相关法律和管理规章制度的建设。公司外部资本和产品市场能够持续、健康发展的前提条件之一是社会拥有良好的法制环境,这也是投资者利益得到更好的保障的前提条件。国家应该在进一步完善相关法律和管理规章制度的基础上,同时保障并监督法律和管理规章制度的有效执行。这些措施的实施不仅有利于公司治理机制的完善,而且有利于公司价值的提高。

最后,随着我国加入世界市场的步伐加速,我国上市公司所面临的资本市场已不再局限于我国范围之内,而是更多地参与到国际资本市场竞争当中。在此背景之下,各地区还要加快推进地区市场经济发展的国际化进程。市场化进程的发展过程离不开区域经济与世界经济的相互融合。在经济融合过程中,应该优化我国各地区之间的生产资源配置方式,提高配置效率,优化对外开放区域的生产和资源布局,实现以生产合作促进经济合作,以经济发展带动生产力进步的多元合作机制,通过这种立体且多元的合作方式将地区经济发展提高到一个新的层次。完善我国资本市场的国际化程度以及提高我国上市公司在国际资本市场的竞争力也同样具有推进市场化进程的深远意义。

8.3　研究局限与展望

本书试图对内外部治理机制、财务柔性以及公司价值三者之间的关系进行尝试性的研究。通过实证研究也对本书所提出的相关假设加以了验证,并在研究过程中取得了一些有益的结论。但是回顾整个研究过程,依然能够发现一些研究不足与缺憾,以下将对本书的不足进行列示。在剖析不足的基础上,更重要的是对未来相关领域的研究做出适度的展望。

(1)在对财务柔性的测量方面,本书结合中国资本市场的特点,同时借鉴曾爱民(2011)、邓康林、刘名旭(2013)等人的方法,在财务柔性的度量中采用现金柔性以及负债柔性加和的方式,此种度量方式也只是从财务状况的单一角度加以测量,测量角度略显狭小。针对此处不足,今后的研究可以构建更为全面的财务柔性指标为立足点。当出现更为科学、合理的财务柔性测量指标时,该领域的研究也会不断地得到深化。

(2)关于公司内外部治理机制因素的研究,本书只是从中选取了有代表性的、相关研究较为深入的、与公司财务行为关系更为密切的若干个因素加以研究,对于其他的因素本书却并没有进行研究。为了本书整体结构的完整与精炼,本书在内部治理机制中只选取了股权结构和董事会结构两方面的治理机制,而在外部治理机制中,本书也只选择了与市场化相关的治理机制,但是,本书所选择的治理机制并不是公司内外部治理机制的全部内容,其他如所有权性质、管理层持股、董事长特征等内部治理机制以及公司所处行业特征、分析机构的分析、媒体监督等外部治理机制都会对公司的生产经营行为产生影响,具体到本书就是指对财务柔性产生的影响。后续的研究可以继续围绕财务柔性这一主题,从其他治理机制的视角加以研究。

(3)本书是从内外部治理机制的视角对我国上市公司的财务柔性持有行为和财务柔性价值效应展开研究的。本书假设公司的内部治理机制与外部治理机制是相互平行的,即二者分别地、独立地对公司的财务柔性持有行为和财务柔性的价值效应产生影响。但在国内外的相关研究中,也有将外部治理机制视为影响内部治理机制的因素,在二者之间构建出更为复杂关系的基础上,研究二者共同对公司生产经营行为的作用效果。借鉴这些研究,后续的研究也可以基于公司内外部治理机制之间更为复杂关系的假设,来分析其对财务柔性的影响。

参考文献

[1]白朝丽,杨邦文. OPM 战略下的财务弹性分析——基于鄂武商、武汉中商、武汉中百的案例[J]. 财会通讯,2012,(3):117 - 118.

[2]鲍群,赵秀云. 供应链关系交易与财务柔性储备动机:"承诺"还是"预防"[J]. 财贸研究,2015(3).

[3]毕晓方,姜宝强. 财务松弛对公司业绩的影响研究——基于融资约束和代理成本的视角[J]. 商业经济与管理,2010,(4):83 - 90.

[4]常虹. 资金管理中金融工具的应用[J]. 中国商贸,2015(3).

[5]常玉瑶,周子元. 低碳背景下企业融资渠道研究[J]. 中国商论,2015(7).

[6]陈德球,李思飞,王丛. 政府质量、终极产权与公司现金持有[J]. 管理世界,2011,(11):127 - 139.

[7]陈熹微,田洪静. 我国企业会计监督存在的问题剖析及改善对策[J]. 中国商论,2015(7).

[8]陈雪峰,翁君奕. 配股公司现金持有与经营业绩[J]. 管理科学,2002:98 - 104.

[9]程新生,谭有超,刘建梅. 非财务信息、外部融资与投资效率——基于外部制度约束的研究[J]. 管理世界,2012,(7):137 - 150.

[10]邓康林,刘名旭. 环境不确定性、财务柔性与上市公司现金股利[J]. 财经科学,2013,(299):46 - 55.

[11]邓明然. 企业理财系统柔性的理论与方法研究[M]. 武汉:武汉理工大学出版社,2004:55 - 67.

[12]丁守海. 托宾 Q 值影响投资了吗?——对我国投资理性的另一种检验. [J]经济研究,2006,(12):146 - 155.

[13]窦悦,于善波. 浅析上市公司环境会计信息披露的现状与对策——以钢铁行业为例[J]. 中国商论,2015(7).

[14]樊纲,王小鲁,等. 中国市场化指数——各地区市场化相对进程 2011年报告[M]. 北京:经济科学出版社,2011.

[15]傅元略. 财务管理理论[M]. 厦门:厦门大学出版社,2007:55 - 64.

[16]高雷,张杰. 公司治理、政府控制与现金持有[J]. 中大管理研究, 2008:67 - 78.

[17]高明华,朱松,杜雯翠. 财务治理、投资效率与企业经营绩效[J]. 财经研究,2012,38(4):123 - 133.

[18]葛家澍,占美松. 企业财务报告分析必须着重关注的几个财务信息——流动性、财务适应性、预期现金净流入、盈利能力和市场风险[J]. 2008, (5):3 - 9.

[19]顾乃康,孙进军. 现金的市场价值——基于中国上市公司的实证研究 [J]. 管理科学. 2008,(8):87 - 92.

[20]顾乃康,孙进军. 融资约束、现金流风险与现金持有的预防性动机[J]. 商业经济与管理,2009,(4):73 - 81.

[21]顾乃康,万小勇,陈辉. 财务弹性与企业投资的关系研究[J]. 管理评论,2011,(6):115 - 121.

[22]顾群,翟淑萍. 融资约束、代理成本与企业创新效率——来自上市高新技术企业的经验证据[J]. 经济与管理研究,2012,(5):73 - 80.

[23]郭红卫. 上市公司终极股东性质对现金持有水平的影响研究[J]. 求索,2010,(7):36 - 37.

[24]郭胜,张道宏. 大股东控制、非效率投资与上市公司治理——基于中国上市公司的经验数据[J]. 西北大学学报,2011,(4):53 - 58.

[25]韩立岩,刘博研. 公司治理、不确定性与现金价值[J]. 经济学季刊, 2011,(2):523 - 550.

[26]韩鹏,唐家海. 财务弹性生命周期下融资政策分析[J]. 财会通讯, 2010,(5):15 - 16.

[27]韩鹏. 财务弹性、财务杠杆与公司价值——来自中小企业板的经验证据[J]. 理论月刊,2010,(4):157 - 160.

[28]韩鹏. 基于财务弹性指数的最佳现金持有量测度[J]. 财会月刊, 2010,(5):57 - 58.

[29]韩忠雪,周婷婷. 股权结构、代理问题与公司现金持有——基于我国上市公司面板数据的分析[J]. 山西财经大学学报,2008,(10):88 - 95.

[30]韩忠雪,周婷婷. 董事激励影响公司现金持有吗?——基于我国上市

公司面板数据的分析[J].经济与管理研究,2009,(5):55-62.

[31]胡国柳,刘宝劲,马庆仁.上市公司股权结构与现金持有水平关系的实证分析[J].财经理论与实践,2006,(4):39-44.

[32]计方,刘星.交叉上市、绑定假说与大股东利益侵占——基于关联交易视角的实证研究[J].当代经济科学,2011,(7):105-114.

[33]江佳娟.营运资金管理效率与经营绩效相关性的研究综述[J].商业经济,2015(2).

[34]江李星,尚伟.上市公司股权再融资偏好研究[J].中国证券期货,2012,(9).

[35]姜宝强,毕晓芳.超额现金持有与企业价值的关系探析——基于代理成本的视角[J].经济管理与研究,2006,(12):49-55.

[36]姜付秀,伊志宏,苏飞,等.管理者背景特征与企业过度投资行为[J].管理世界,2009,(1):130-139.

[37]姜英兵.上市公司财务灵活性分析[J].经济管理,2004,(10):62-68.

[38]姜毅.融资约束、大股东控制与现金持有的关系研究[D].东北财经大学,2013.

[39]鞠晓生,卢获,虞义华.融资约束、营运资本管理与企业创新可持续性[J].经济研究,2013,(1):4-16.

[40]柯建飞.我国交叉上市公司经营绩效研究[J].哈尔滨商业大学学报(社会科学版),2011,(3):75-79.

[41]李常青,魏志华,吴世农.半强制分红政策的市场反应研究[J].经济研究,2010,(3).

[42]廖理,肖作平.公司治理影响公司现金持有量吗——来自中国上市公司的经验证据[J].中国工业经济,2009,(6):98-107.

[43]李菁.国有控股、公司治理与现金持有相关性研究——以沪深制造业上市公司为例[J].陕西农业科学,2010,(6):148-150.

[44]李少华.上市公司财务弹性对企业绩效的影响研究[J].经营管理,2013:35.

[45]李胜辅.民营企业上市方式、两权偏离度与现金持有价值[J].经济管理,2010,(3):101-109.

[46]李维安.公司治理评价与指数研究[M].北京:高等教育出版社,

2005:5-20.

[47]李维安,李汉军.股权结构、高管持股与公司绩效——来自民营上市公司的证据[J].南开管理评论,2006,(5):4-10.

[48]李文昌,王晨.公司治理层面的内部控制作用机制研究[J].中国注册会计师,2015(3).

[49]李小军,王心平.投资机会与股权结构对公司财务政策的影响[J].系统工程,2008.

[50]李延喜,李鹏.融资约束是否影响了中国上市公司的现金持有政策——来自现金与现金流波动性敏感度的经验证据[J].当代会计评论,2008,(2):75-85.

[51]李悦,熊德华,张峥,等.中国上市公司如何选择融资渠道——基于问卷调查的研究[J].金融研究,2008,(8):86-104.

[52]李增泉,孙铮,王志伟."掏空"与所有权安排——来自我国上市公司大股东资金占用的经验证据[J].会计研究,2004,(12):3-13.

[53]连玉君,彭方平,苏治.融资约束与流动性管理行为[J].金融研究,2010,(10):158-171.

[54]连玉君,苏治,丁志国.现金流敏感性能检验融资约束假说吗?[J].统计研究,2008,(10):92-99.

[55]刘得格,罗知地.财务弹性和投融资行为以及企业价值的关系研究[J].经济研究导刊,2012,(1):61-63.

[56]刘红霞,索玲玲.会计稳健性、投资效率与企业价值[J].财务与会计研究,2011,(5):53-63.

[57]刘茂平.上市公司大股东掠夺及预防机制实证研究[J].财贸研究,2011,(4):62-65.

[58]刘宇会,杨光.中小企业财务管理存在的问题及对策初探[J].中国商论,2015(7).

[59]刘志远,花贵如.政府控制、机构投资者持股与投资者权益保护[J].财经研究,2009,(4):119-129.

[60]梁莹.企业资金管理存在的问题及应对措施[J].财经界(学术版),2015(07).

[61]刘李胜.上市公司治理独立董事制度[M].北京:中国时代经济出版

社,2009.

[62]刘名旭.企业财务柔性研究[D].西南财经大学,2014.

[63]卢闯.高管权力、现金持有及其价值效应[J].中央财经大学学报,2012,(9):90-96.

[64]陆正飞,高强.中国上市公司融资行为研究——基于问卷调查的分析[J].会计研究,2003(10):16-24.

[65]陆嫒,康进军.基于公司治理机制的非效率投资实证研究[J].青岛大学学报(自然科学版),2012,(11):82-87.

[66]栾天虹,何靖.高管政治关联与企业现金持有:"扶持"还是"掠夺"?——基于不同产权视角的研究[J].商业经济与管理,2013,(6):68-76.

[67]罗琦,肖文翀,夏新平.融资约束抑或过度投资——中国上市企业投资—现金流敏感度的经验证据[J].中国工业经济,2007,(9):103-110.

[68]罗红霞.公司治理、投资效率与财务绩效度量及其关系[D].吉林大学,2014.

[69]吕峻.政府干预和治理结构对公司过度投资的影响[J].财经问题研究,2012,(1):31-37.

[70]马春爱.中国上市公司资本结构调整行为研究:一个财务弹性的视角[J].财经论丛,2009,(6):80-85.

[71]马春爱.企业财务弹性指数的构建及实证分析[J].系统工程,2010,(10):11.

[72]马春爱,孟瑾.企业财务弹性研究述评[J].财会通讯(综合版),2011,(11):21-23.

[73]马春爱.中国上市公司的非效率投资研究:一个财务弹性的视角[J].财贸研究,2011,(2):144-148.

[74]马春爱,张亚芳.财务弹性与公司价值的关系[J].系统工程,2011,(11):34-39.

[75]马文超,胡思玥.货币政策、信贷渠道与资本结构[J].会计研究,2012,(11):39-48.

[76]孟圆圆,李开新,周建.市场化进程、政府控制与公司现金持有的关系研究——来自中国A股市场的经验证据[J].//第四届(2009)中国管理学年会——组织与战略分会场论文集,2009,(3).

[77]宁宇,刘飞飞．财务弹性视角下的企业价值与投资能力研究[J]．企业纵横,2011,(5):59-60.

[78]蒲文燕,张洪辉,肖浩．债务保守、投资机会与中国上市公司资本投资[J]．管理评论,2012,24(4):36-44.

[79]乔庆宇．辽宁省上市公司股权融资状况及影响因素探析[J]．中国商论,2015(07).

[80]秦中艮,孙蕊,鲍双双．求索融合之道共绘改革蓝图——2014营运资金管理高峰论坛暨混合所有制与资本管理高峰论坛[J]．财务与会计,2015(2).

[81]屈文洲,谢雅璐,叶玉妹．信息不对称、融资约束与投资—现金流敏感性——基于市场微观结构理论的实证研究[J]．经济研究,2011,(6):105-117.

[82]屈耀辉,傅元略．优序融资理论的中国上市公司数据验证[J]．财经研究,2007,(2):108-118.

[83]舒谦,陈治亚．治理结构、研发投入与公司绩效——基于中国制造型上市公司数据的研究[J]．预测,2014(3).

[84]孙杰．董事会特征、公司治理与企业现金持有水平——来自我国上市公司的经验证据[J]．西安财经学院学报,2007,(3):44-49.

[85]饶华春．中国金融发展与企业融资约束的缓解——基于系统广义矩估计的动态面板数据分析[J]．金融研究,2009,(9):89-94.

[86]盛明泉,张敏,马黎珺,等．国有产权、预算软约束与资本结构动态调整[J]．管理世界,2012,(3):151-157.

[87]覃家琦,刘建明．A+H双重上市与公司业绩关系的实证分析[J]．管理科学,2010,(5):32-42.

[88]谭娜．投资机会、融资约束与现金持有价值——来自中国上市公司的经验证据[J]．嘉应学院学报．2010,(6).

[89]谭庆美,吴金克．资本结构、股权结构与中小企业成长性——基于中小企业板数据的实证分析[J]．证券市场导报,2011,(2).

[90]唐清泉,肖海莲．融资约束与企业创新投资—现金流敏感性——基于企业R&D异质性视角[J]．南方经济,2012,(11):40-54.

[91]唐松,杨勇,孙铮．金融发展、债务治理与公司价值——来自中国上市公司的经验证据[J]．财经研究,2009,(6):4-16.

[92]万良勇,孙丽华．公司高额现金持有政策能减缓金融危机冲击

吗？——来自中国上市公司的经验证据[J]．财政研究,2010(6):42-46.

[93]万小勇,顾乃康．现金持有、融资约束与企业价值——基于门槛回归模型的实证检验[J]．商业经济与管理,2011,(2):71-77.

[94]王海民．分析我国企业集团财务公司资金管理现状与策略[J]．财经界(学术版),2015(7).

[95]王鲁平,毛伟平．财务杠杆、投资机会与公司投资行为——基于制造业上市公司的 Panel Date 的证据[J]．会计与财务管理,2010,(11):99-110.

[96]王满,时龙龙．财务柔性视角下云南白药财务资源管理策略[J]．财务与会计(理财版),2012,(10):25-26.

[97]王彦超．融资约束、现金持有与过度投资[J]．金融研究,2009,(7):121-133.

[98]王艳林,祁怀锦,邹燕．金融发展、融资约束与现金—现金流敏感性[J]．上海金融,2012,(3):8-14.

[99]王玉春,赵卫斌．中央与地方国有控股公司现金持有价值分析[J]．商业经济与管理,2010,(8):75-82.

[100]王裕．终极控制人、两权分离与现金持有价值[J]．新疆农垦经济,2011,(1):74-78.

[101]王志强,张玮婷．上市公司财务灵活性、再融资期权与股利迎合策略研究[J]．管理世界,2012,(7):151-163.

[102]吴荷青．上市公司现金持有量研究[M]．成都:西南财经大学出版社,2009.

[103]吴丽芳．企业实施货币资金内部控制规范存在问题及对策[J]．财经界(学术版),2015(7).

[104]吴宗法,张英丽．所有权性质、融资约束与企业投资——基于投资现金流敏感性的经验证据[J]．经济与管理研究,2011,(5):72-77.

[105]夏立军,方轶强．政府控制、治理环境与公司价值——来自中国证券市场的经验证据[J]．经济研究,2005,(5):48-65.

[106]肖泽忠,邹宏．中国上市公司资本结构的影响因素和股权融资偏好[J]．经济研究,2008,(6):119-134.

[107]肖作平．大股东、法律制度和资本结构决策——来自中国上市公司的经验数据[J]．南开管理评论,2009,(4):102-113.

[108]谢军,李千子.公司治理结构能缓解非效率投资吗?——来自上市公司的证据[J].兰州商学院学报,2012,(2):69 – 75.

[109]谢永珍.中国上市公司董事会独立性与监督效率关系实证研究[J].山东大学学报,2007,(4):72 – 83.

[110]徐晓,李本博.我国上市公司股权融资偏好实证研究[J].企业研究,2010,(2):1 – 8.

[111]徐向艺,张立达.上市公司股权结构与公司价值关系研究——一个分组检验的结果[J].中国工业经济,2008,(4):102 – 109.

[112]徐晓东,张天西.公司治理、自由现金流与非效率投资[J].财经研究,2009,(10):47 – 58.

[113]向凯.盈余质量与公司现金持有——来自我国证券市场的经验证据[J].中央财经大学学报,2009,(7):79 – 85.

[114]向锐.金字塔终极控制权、制度环境与公司现金持有水平——来自中国家族上市公司的经验证据[J].石家庄经济学院学报,2010,(5):67 – 72.

[115]辛宇,徐莉萍.公司治理机制与超额现金持有水平[J].管理世界,2005.

[116]宣扬.货币政策冲击、债务保守与公司融投资[J].财会通讯,2012(10):102 – 114.

[117]闫华红,许晴.国有与非国有上市公司非效率投资比较的实证研究[J].会计之友,2012,(7):96 – 99.

[118]杨海燕,官雨韵.制造业财务杠杆效应研究:文献回顾及其启示[J].中国商论,2015(7).

[119]杨伟伟.财务弹性与企业非效率投资的关系研究[J].商业会计,2014(15).

[120]杨兴全,孙杰.公司治理机制对公司现金持有量的影响——来自我国上市公司的经验证据[J].商业经济与管理,2006,(2):6 – 8.

[121]杨兴全,孙杰.企业现金持有量影响因素的实证研究——来自我国上市公司的经验证据[J].南开管理评论,2007,(6):47 – 54.

[122]杨兴全,张照南.制度背景、股权性质与公司持有现金价值[J].经济研究,2008,(12).

[123]杨兴全,张照南,吴昊旻.治理环境、超额持有现金与过度投资[J].

南开管理评论,2010,(5):61-69.

[124]俞红海,徐龙炳,陈百助. 终极控股股东控制权与自由现金流过度投资[J]. 经济研究,2010(8):103-114.

[125]于东智,胡国柳,王化成. 企业的现金持有决策与公司治理分析[J]. 金融论坛,2006,(10):28-35.

[126]于蔚,汪森军,金祥荣. 政治关联和融资约束:信息效应与资源效应[J]. 经济研究,2012,(9):125-139.

[127]于晓红,卢相君. 基于行业环境条件下的上市公司创新战略与资本结构[J]. 经济管理,2012,(2):50-56.

[128]余怒涛,沈中华,黄登仕. 公司规模门槛效应下的董事会独立性与公司价值的关系[J]. 数理统计与管理,2010,(9):871-882.

[129]张凤. 上市公司现金持有动机与投融资行为的实证分析[D]. 西安交通大学,2006.

[130]张宗益,骆垠杏. 我国上市公司股权再融资偏好的影响因素[J]. 技术经济,2012,31(9):88-93.

[131]赵华,张鼎祖. 企业财务柔性的本原属性研究[J]. 会计研究,2010,(6):62-69.

[132]赵蒲,孙爱英. 财务保守行为:基于中国上市公司的实证研究[J]. 管理世界,2005,(11):109-118.

[133]赵湘莲,韩玉启. 企业财务管理柔性水平的动态监控[J]. 工业技术经济,2005,24(2):131-133.

[134]曾爱民. 财务柔性与企业投融资行为研究[D]. 厦门大学,2010.

[135]曾爱民. 财务柔性与企业投融资行为研究[M]. 北京:中国财政经济出版社,2011:131-133.

[136]曾爱民. 融资约束、财务柔性与企业投资—现金流敏感性——理论分析及来自中国上市公司的经验证据[C]. 中国会计学会学术年会论文集,2011.

[137]曾爱民,傅元略,魏志华. 金融危机冲击、财务柔性储备和企业融资行为——来自中国上市公司的经验证据[J]. 金融研究,2011,(10):155-169.

[138]曾爱民,张纯,魏志华. 金融危机冲击、财务柔性储备与企业投资行为[J]. 管理世界,2013,(4):107-120.

[139]张功富. 财务杠杆、投资行为与企业竞争优势——来自中国上市公司的经验证据[J]. 经济与管理研究,2009,(2):44-51.

[140]张功富. 政府干预、政治关联与企业非效率投资——基于中国上市公司面板数据的实证研究[J]. 财经理论与实践(双月刊),2011,(5):24-30.

[141]张洪辉,王宗军. 债务保守、市场竞争与上市公司资本投资[J]. 管理学报,2011,(8):1230-1237.

[142]张人骥,刘春江. 股权结构、股东保护与上市公司现金持有量[J]. 财贸经济,2005,(11):109-118.

[143]张银杰. 公司治理——现代企业制度新论[M]. 上海:上海财经大学出版社,2012.

[144]赵蒲,孙爱英. 财务保守行为——基于中国上市公司的实证研究[J]. 管理世界,2004,(11):109-118.

[145]赵秀云,鲍群. 制度环境、关系交易与现金持有决策[J]. 审计与经济研究,2015(3).

[146]钟海燕. 政府干预、内部人控制与公司投资[J]. 管理世界,2010,(7).

[147]朱红军,何贤杰,陈信元. 金融发展、预算软约束与企业投资[J]. 会计研究,2006,(10):64-71.

[148]朱磊,潘爱玲. 负债对企业非效率投资行为影响的实证研究——来自中国制造业上市公司的面板数据[J]. 经济与管理研究,2009,(2):52-59.

[149]朱胜龙. 集团企业加强资金管理与控制研究[J]. 行政事业资产与财务,2015(7).

[150]周伟,谢诗蕾. 中国上市公司持有高额现金的原因[J]. 世界经济,2007,(3):33-39.

[151]周心春. 财务弹性、风险预防与经营绩效[J]. 财会通讯,2012,(8):28-29.

[152]周雪峰,兰艳泽. 债务融资对非效率投资行为的影响作用——基于中国民营上市公司的实证研究[J]. 暨南学报,2011,(3):23-30.

[153]卓敏,鲍璐. 财务质量评价中的财务弹性研究[J]. 会计师,2012,(7):3-5.

[154]Abe D,Marno V,Patrick V. Does Financial Flexibility Reduce Investment

Distortions? [J]. The Journal of Financial Research,2012,35(2):243 - 259.

[155]Acharya V,Almeida H,Campello M. Is Cash Negative Debt? A Hedging Perspective on Corporate Financial Policies[J]. Journal of Financial Intermediation, 2007,16(4):515 - 554.

[156]Almeida H,Campello M,Weisbach M S. The Sensitivity of Cash Flow[J]. The Journal of Finance,2004,59(4):1777 - 1804.

[157]Amy Dittmar,Jan Mahrt - Smith. Corporate Governance and the Value of Cash Holdings[J]. Journal of Financial Economics,2007,83(3):599 - 634.

[158]Andreas K,Marc S,Thomas S. Can Financial Flexibility Explain the Debt Conservatism Puzzle Cross - country Evidence From Listed Firms,Working paper, SSRN elibrary,2011,15(4):103 - 115.

[159] Arslan O, Florackis C, Ozkan A. How and Why Do Firms Establish Financial Flexibility[J]. Unpublished working paper,2008.

[160] Arslan A, Ozgur F, Chris O A. Financial Corporate Investment and Performance:Evidence from Financial Crises[J]. Review of Quantitative Finance and Accounting,2012,10.

[161] Arslan, Florackis, Ozkan. Financial Flexibility, Corporate Investment and Performance:Evidence from East Asian Firms[J]. SSRN elibrary,2012.

[162]Bancel F,Mittoo U R. Cross - country Determinants of Capital Structure Choice:A Survey of European Firms[J]. Financial Management,2004,103 - 132.

[163]Bates T W, Kahle K M, Stulz R M. Why Do US Firms Hold So Much More Cash than They Used to?"[J]. Journal of Finance,2008,64:1985 - 2021.

[164]Biddle G,Hilary R,Verdi. How does Financial Reporting Quality Relate to Investment Efficiency? [J]. Journal of Accounting and Economics, 2009, 48: 112 - 131.

[165] Billett M T, Kingtao H D, Mauer D C. Growth Opportunities and the Choice of Leverage,Debt Maturity and Covenants[J]. The Journal of Finance,2007, 62(2):697 - 730.

[166] Bozec Y, Meier I, Laurin C. Financial Flexibility and the Performance during the Recent Financial Crisis [J]. International Journal of Commerce and Management,2013,23(2).

[167] Brian Clark. The Impact of Financial Flexibility on Capital Structure Decisions: Some Empirical Evidence[J]. working paper,2010.

[168] Brounen D,De Jong A,Koedijk K. Corporate Finance in Europe:Confronting Theory with Practice[J]. Financial Management,2004,33(4):71 - 101.

[169] Brounen D, De Jong A, Koedijk K. Capital Structure Policies in Europe: Survey Evidence[J]. Journal of Banking and Finance,2006,(30):1409 - 1442.

[170] Bulan,Laarni,Narayanan Subramanian. A Closer Look at Dividend Omissions: Payout Policy,Investment and Financial Flexibility[J]. Brandeis University Working paper, SSRN elibrary,2008.

[171] Byoun S. Financial Flexibility, Leverage and Firm Size[J]. Waco,TX, January,2007.

[172] Byoun,Soku. Financial Flexibility and Capital Structure Decision[R]. Baylor University Working Paper,2008.

[173] Byoun. Financial Flexibility and Capital Structure Decision[J]. SSRN,2011.

[174] Chen H J,Chen S J. Investment - Cash Flow Sensitivity cannot be a Good Measure of Financial Constraints:Evidence from the Time Series[J]. Journal of Financial Economics,2012,103(2).

[175] Clark B. The Impact of Financial Flexibility on Capital Structure Decisions: Some Empirical Evidence[J]. SSRN elibrary,2010.

[176] Cleary S. The Relationship Between Firm Investment and Financial Status [J]. The Journal of Finance,1999,54(2):673 - 692.

[177] Cleary S. International Corporate Investment and the Relationships between Financial Constraint Measures[J]. Journal of Banking and Finance,2006,30(5): 1559 - 1580.

[178] Couderc N. Corporate Cash Holdings:Financial Determinants and Consequences [J]. Working Paper,2005.

[179] David C,Alexander J. Interactions of Corporate Financing and Investment Decisions:A Dynamic Framework[J]. The Journal of Finance,2012,49:1253 - 1277.

[180] David J, Stephen B et al. Flexibility and Capital Structure Policy [J],2009.

[181] De Angelo H,De Angelo L. Capital Structure,Payout Policy and Financial

Flexibility[J]. Marshall School of Business Working Paper,2007:2 - 6.

[182]Demirguc Kunt A, Maksimovic V. Funding Growth in Bank - based and Market - based Financial Systems:Evidence from Firm - level Data[J]. Journal of Financial Economics,2002,65(3):337 - 363.

[183]Denis, McKeon. Debt Financing and Financial Flexibility:Evidence from Pro - active Leverage Increases[J]. Review of Financial Studies,2012,26(6):1897 - 1929.

[184] Denis D J, McKeon S B. Financial Flexibility and Capital Structure Policy:Evidence from Pro - active Leverage Increases [J]. Unpublished working paper,Purdue University,2009.

[185]Denis D J, Sibilkov V. Financial Constraints,Investment and the Value of Cash Holdings[J]. Review of Financial Studies,2010,23(1):247 - 269.

[186]Denis D J. Financial Flexibility and Corporate Liquidity[J]. Journal of Corporate Finance,2011,17(3):667 - 674.

[187]Devereux M, Schiantarelli F. Investment,Finacial Factors and Cash Flow:Evidence from UK Panel Data[J]. NBER Working Paper,1989.

[188] Dieter Hess, Philipp Immenkotter. How Much is Too Much? Debt Capacity and Financial Flexibility[R]. Working Paper,SSRN,2012.

[189]Fama E F, French K R. Taxes,Financing Decisions and Firm Value[J]. The Journal of Finance,1998,53(3):819 - 843.

[190]Faulkender M, Wang R. Corporate Financial Policy and the Value of Cash [J]. The Journal of Finance,2006,61(4):1957 - 1990.

[191]Fazzari S M, Hubbard R G. Financing Constraints and Corporate Investment [J]. Brookings Papers on Economic Activity,1998,(1):141 -206.

[192]Franck Bancel, Usha R. Financial Flexibility and the Impact of the Global Financial Crisis:Evidence from France [J]. International Journal of Managerial Finance,2011,7:179 - 216,

[193]Frank M, Goyal V. Trade - off and Pecking Order Theories of Debt[J]. SSRN,2007.

[194]Frederiek Schoubbena, Cynthia Van Hulleb. Stock Listing and Financial Flexibility[J]. Journal of Business Research,2011,64:483 - 489.

[195]Froot K A, Scharfstein D S, Stein J C. Risk Management:Coordinating

Corporate Investment and Financing Policies[J]. Journal of Finance, 1993, (48):
1629 - 1658.

[196]Gamba A, Triantis A. The Value of Financial Flexibility[J]. The Journal
of Finance, 2008, 63(5):2263 - 2296.

[197]Graham J R. How Big are the Tax Benefits of Debt? [J]. The Journal of
Finance, 2000, 55(5):1901 - 1941.

[198] Graham J R, Harvey. The Theory and Practice of Corporate Finance:
Evidence from the Field[J]. Journal of Financial Economics, 2001, 60(2):187 - 243.

[199]GulF A, Kealey B T, Chaebol. Investment Opportunity Set, Corporate Debt
and Dividend Polices of Korean Companies, Review of Quantitative Finance and
Accounting[J]. Journal of Finance, 1994, (48):1629 - 1658.

[200] Hadlock C J, Pierce J R. New Evidence on Measuring Financial
Constraints:Moving beyond the KZ Index[J]. Review of Financial Studies, 2010, 23
(5): 1909 - 1940.

[201] Han S, Qiu J. Corporate Precautionary Cash Holdings [J]. Journal of
Corporate Finance, 2007, 13(1):43 - 57.

[202] Harry DeAngelo, Linda DeAngelo. Capital Structure, Payout Policy and
Financial Flexibility[R]. University of Southern California, Working Paper, 2007.

[203]Heitor Almeida, Murillo Campello. Financial Constraints, Asset Tangibility
and Corporate Investment[J]. Review of Financial Studies, 2007, 20(5):1429 - 1460.

[204]Hoberg G, Phillips G, Prabhala N. Product Market Threats, Payouts and
Financial Flexibility[J]. The Journal of Finance, 2013, (4).

[205] Iona A, Leonida L, Ozkan A. Determinants of Financial Conservatism:
Evidence from Low - leverage and Cash - rich UK Firms [J]. University of York
Discussion Papers in Economics, 2004.

[206]Jacob Oded. Payout Policy, Financial Flexibility and Agency Costs of Free
Cash Flow[R]. Working Paper, SSRN, 2012.

[207]Jagannathan M, Stephens C, Weisbach M. Financial Flexibility and the
Choice between Dividends and Stock Repurchases [J]. Journal of Financial
Economics, 2000.

[208]James Ang, Adam Smedema. Financial Flexibility: Do Firms Prepare for

Recession? [J]. Journal of Corporate Finance,2011,17:774 – 787.

[209]Jensem M C. Agency Cost of Free Cash Flow, Corporate Finance and Takeovers[J]. American Economic Review,1986,(76):323 – 339.

[210]Jensen,Meckling. Theory of the Firm:Managerial Behavior,Agency Costs and Ownership Structure[J]. Journal of Financial Economics,1976,3(4):305 – 360.

[211]Kahl M,Shivdasani A,Wang Y H. Do Firms Use Commercial Paper to Enhance Financial Flexibility[J]. University of North Carolina,Working Paper,2008.

[212]Keynes J M,The General Theory of Employment,Interest and Money[M]. London:McMillan,1936.

[213] Khurana, Martin, Pereira. Financial Development and the Cash Flow Sensitivity of Cash[J]. Journal of Financial and Quantitative Analysis,2006,787 – 807.

[214] Killi, Rapp, Schmid. Can Financial Flexibility Explain the Debt Conservatism Puzzle? Cross – country Evidence from Listed Firms[J]. 2011,SSRN.

[215]Killi A,Rapp M,Schmid T. Can Financial Flexibility Explain the Debt Conservatism Puzzle? Cross – country Evidence from Listed Firms [J]. Working Paper,2011.

[216]Kim,Mauer,Sherman. The Determinants of Corporate Liquidity:Theory and Evidence[J]. Journal of Financial and Quantitative Analysis,1998,335 – 359.

[217]Lenos Trigeorgis. Real Options and Interactions with Financial Flexibility [J]. Financial Management,1993,22(3):202 – 224.

[218]Lie E. Financial Flexibility,Performance and the Corporate Payout Choice [J]. The Journal of Business,2005,78(6):2179 – 2202.

[219]Lindstrom O,Heshm ati A. Interaction of Real and Financial Flexibility— An Empirical Analysis[J]. Helsinki School of Economics,Working Papers,2004.

[220] Lins K V, Servaes H, Tufano P. What Drives Corporate Liquidity? An International Survey of Cash Holdings and Lines of Credit[J]. Journal of Financial Economics,2010,98(1):160 – 176.

[221] Marchica, Maria Teresa, Roberto Mura. Financial Flexibility and Investment Decision:Evidence from Low-leverage Firms[R]. Manchester Business School,Working Paper,2007.

[222] Marchica, Mura. Financial Flexibility, Investment Ability and Firm

Value: Evidence from Firms with Spare Debt Capacity[J]. Financial Management, 2010,39(4): 1339 – 1365.

[223] McConnell J, Servaes H. Additional Evidence on Equity Ownership and Corporate Value[J]. Journal of Financial Economics,1990,27(2):595 – 612.

[224] Michael C,Jensen,William H,Meckling. Theory of the Firm: Managerial Behavior,Agency Costs and Ownership Structure[J]. Journal of Financial Economics, 1976,3(4):305 – 360.

[225] Minton B,Wruck K. Financial Conservatism:Evidence on Capital Structure from Low-leverage Firms[J]. SSRN,2001.

[226] Modigliani,Miller M H. The Cost of Capital,Corporation Finance and the Theory of Investment[J]. The American Economic Review,1958,48(3):261 – 297.

[227] Mura R,Marchica M T. Financial Flexibility and Investment Decisions: Evidence from Low – leverage Firms [J]. Manchester Business School, Working Paper,2007.

[228] Myers S C,Majluf N S, Corporate Financing and Investment Decisions When Firms Have Information that Investors Do Not Have[J]. Journal of Financial Economics,1984,13(2):187 – 221.

[229] Naveen D,Daniel,David J,et al. Dividends, Investment and Financial Flexibility[R]. San Francisco Meetings Paper,2009.

[230] Oded, Jacob. Payout Policy, Financial Flexibility and Agency Costs of Free Cash Flow [R] . School of Management of Boston University, Working Paper,2008.

[231] Opler,Pinkowitz,Williamson. The Determinants and Implications Corporate Cash Holdings[J]. Journal of Financial Economics,1995.

[232] Opler T,Pinkowitz L,Stulz R et al. The Determinants and Implications of Corporate Cash Holdings[J]. Journal of Financial Economics,1999,52(1):3 – 46.

[233] Ozgur Arslan,Chrisostomos Florackis,Aydin Ozkan. Financial Flexibility, Corporate Investment and Performance[R]. Working Paper,SSRN,2010.

[234] Oztekin O,Flannery M J. Institutional Determinants of Capital Structure Adjustment Speeds[J]. Journal of Financial Economics,2012,103(1):88 – 112.

[235] Patricia M,Dechow,Scott A. Richardson,Richard G,Sloan,The Persistence

and Pricing of the Cash Component of Earnings[J]. Journal of Accounting Research, 2008,46(3):537 - 566.

[236]Rappa M S, Schmidb T, Urbanc D L. The Value of Financial Flexibility and Payout Policy[J]. Working Paper, SSRN,2010.

[237]Richardson. Over - investment of Free Cash Flow[J]. Review of Accounting Studies,2006,(11):159 - 189.

[238] Shleifer A, R Vishny. Liquidation Values and Debtcapacity: A Market Equilibrium Approach[J]. Journal of Finance,1992.

[239]Simon S M H, Kevin C K L, Heilatollah S. The Investment Opportunity Set, Director Ownership and Corporate Policies: Evidence From an Emerging Market [J]. Journal of Corporate Finance,2004.

[240] Singh K, Hodder J E, Multinational Capital Structure and Financial Flexibility[J]. Journal of International Money and Finance,2000,19(6):853 - 884.

[241]Smith C, Watts R, The Investment Opportunity Set and Corporate Financing, Dividend and Compensation Policies[J]. Journal of Financial Economics,1992.

[242]Soku, Byoun. Financial Flexibility, Firm Size and Capital Structure[J]. SSRN elibrary,2007.

[243]Soku, Byoun. Financial Flexibility and Capital Structure Decision[J]. SSRN elibrary,2011.

[244]Sufi A. Bank Lines of Credit in Corporate Finance: An Empirical Analysis [J]. Review of Financial Studies,2009,22(3):1057 - 1088.

[245] Vogt S C. The Cash Flow Investment Relationship: Evidence From US Manufacturing Firms[J], Financial Management,1994,23(2):3 - 20.

[246]Volderba H. Building the Flexible Firm: How to Remain Competitive[J]. Corporate Reputation Review,1998,2(1):94 - 98.

[247]Wang Z. Financial Flexibility, Financing Option and Catering Strategy of Chinese Listed Firms[J]. SSRN elibrary,2011,12.